広報入門

プロが教える基本と実務

宣伝会議の基礎シリーズ

宣伝会議「広報担当者養成講座」講師 共著
「広報会議」編集部 監修

はじめに

　本書は、主に経験3年未満の広報担当者に向けた広報業務の手引書です。企業のほか、官公庁やNPOなども含めた団体の広報部門が担うあらゆる領域を押さえつつ、現場ですぐに生かせるよう実務家の視点からポイントを分かりやすくまとめました。広報部門への配属・異動が決まったらまず手に取る本、デスクの傍らに置いて迷ったときに何度も引く「辞書」「ハンドブック」的な本への要請を受け、本書の企画に至りました。

　広報・パブリックリレーションズ（PR）に関する書籍をめぐっては、「テレビでPRする方法」といった特定領域に寄ったテーマのノウハウ本こそ数多いものの、広報の幅広い分野をカバーし、かつ実践で「使える」本は少ないとの声を広報担当者から聞いていました。本書は、取材への対応やニュースリリース、企業サイトの運用など、広範囲にわたる広報の担当業務についてそれぞれ各分野のエキスパートが執筆することで、こうした要望に応えています。また「BtoB企業の広報」や「シティプロモーション」など近年関心が高まっているトピックも盛り込みました。章立てが細かく分かれていますので、関心のある章から読み進めていくことができます。

　本書を監修する月刊「広報会議」は、日本で唯一の広報専門誌として多くの広報担当者にご愛読いただいています。広告・マーケティングの専門誌として創刊60年の歴史を持つ「宣伝会議」内の一連載をもとに、前身となる月刊「PRIR（プリール）」を2005年に創刊。2008年12月に誌名を現在の「広報会議」に改め、誌面もリニ

ューアルしました。

◇

　広報・PRとは一般的に、企業や団体、特定の個人などが社会と良好な関係を築くための各種活動を指します。その主な手段はメディアを通じた情報の受発信、すなわちコミュニケーション活動です。広報担当者を取り巻く環境の変化は、本誌が創刊した2000年代中ごろ以降、さらに加速度を増しているといえるでしょう。その最たるものがインターネットを通じた情報流通の変化です。
　「オウンドメディア」とも呼ばれる企業ウェブサイトは、企業広報の可能性を格段に広げました。プレスリリースやIR（投資家向け広報）情報、公式見解を表明するメディアとして自社サイトを持つことはもはや常識であり、運用次第では一般メディア並みに大きな影響力を持つことも可能になりました。一方で、これまで新聞やテレビをメーンに行ってきた「メディアリレーションズ」のあり方は変わらざるを得ません。ニュースサイトのほか影響力のあるブロガーなどインフルエンサー（消費行動に影響を与える人）にどう対応するか、ソーシャルメディア上で日々つぶやかれている自社についての書き込みに返信すべきか、といったことも多くの場合は広報が積極的にかかわるべき課題です。「情報を統制する」という考え方ももはや通用しません。積極的なディスクロージャー（企業内容の開示）がこれまで以上に求められています。
　広報の重要性を認識し、部門を新設したり外部人材を登用したりするなど、広報機能強化に取り組むケースがあちこちで見られるようになりました。その一例が自治体です。人口減少時代を迎え、観

はじめに

光集客や定住促進を目的とした独自の広報活動を強化する事例が増えています。少子化に向き合う大学ほか教育機関も同様に、ウェブサイトやロゴを刷新したり、セミナーを開催するなど積極的な広報活動を展開しています。非営利団体や研究機関も同様です。企業でも、インターネットビジネスを手掛ける新興企業などで積極的な広報活動を行う例が目立ちます。伝統ある企業でも、例えばBtoB領域の素材メーカーなどで優れたコミュニケーション活動を行う例が増えています。良い商品・サービスを出していれば社会的責任を果たしていた時代はとうに過ぎました。社会と継続的な対話を行うことが、あらゆる企業や団体にとって欠かせません。

　広報活動は誰が行うべきものでしょうか。経営トップおよび担当者のみならず、社員や構成員一人ひとりが考え、実践すべきです。広報担当者が行う、記者をはじめとしたメディアとの関係作りや取材窓口としての対応はその一部に過ぎません。これからの広報担当者に求められるのは、あらゆる人に広報の重要性を理解してもらい、適切な対応ができるよう粘り強く導くコミュニケーターの役割といえます。

　広報担当者の果たす役割がさらに大きくなることは間違いありません。広報業務の根本理解およびスキルアップに本書がお役に立てれば幸いです。

2012年11月1日

月刊「広報会議」編集主幹　　福山健一

目次

はじめに 003

序章　広報の使命と求められる資質　011

広報の本質と業務領域　012
広報の出発点は情報開示だ／口火を切らなければ始まらない／広報の定義／今、広報は／広報のさまざまな特性

広報担当者には何が求められるか　021
勉強と、経験と、人間力

第1章　メディアに取り上げてもらう方法　023

広告と広報の違い　024
社内とメディアの間で孤軍奮闘／メディアの論理に従え／広報は無料の広告？

メディアの種類とアプローチ方法　032
広報が意識すべきメディアとは／メディアリストのポイントはタグ付け／王道のアプローチ方法

メディア人の偽らざる本音　041
ヤフーが見ているのはユーザー／メディアと広報は本来対等

第2章　ニュースリリースの書き方・配信方法　045

リリースの基本書式を身に付けよう　046
A4サイズ1枚が原則／ベースとなるのは5つの構成要素／リリースを向上させるレイアウトと校正

コンテンツ整理シートを作ろう　050
やっぱり大切な5W1H／鍵を握るのは「WHAT」と「WHY」／実務的な事柄をまとめる／タイトル案には渾身の力を込めて

テーマ別の書き方を学ぼう　054
新商品リリース／イベント・キャンペーンリリース／イベント誘致リリース／達成リリース／調査リリース／共同リリース

配信のコツを知ろう　068
配信先はどうやって選ぶ？／勝負を左右する配信のタイミング／配信は手渡しが一番!!／電話フォローがあるのとないのでは大違い／配信先をブラッシュアップしていく

第3章　PRコンテンツの作り方　075

メディアが求めるニュースバリューを知ろう　076
記者の視点で考える／欠かせない大前提と6つのポイント／東京スカイツリーは優秀なコンテンツ／常識の裏をかく特異性／人間性・社会性・地域性

記事になるネタを創出しよう　083
合コンやバレンタインもネタになる／旬のネタに絡めてアピール／自発的にネタをひねり出す／最良のトレーニングはクリッピング／記者と会話してヒントを得る

社内でネタを集めよう　090
社内のお宝商品とお宝人材を発掘！

他部署の協力を得よう　092
大切なのは日々の啓発活動

第4章　取材への対応と報道後の行動　095

取材の受け方、断り方　096
取材を申し込まれた際の確認事項／ネガティブ問題の対応法、受けられない取材の上手な断り方

取材に立ち会う場合の配慮　102
取材時の広報の本当の役割／オフレコ（非公開）の現実

報道後にとるべき体制と行動　106
報道後の問い合わせ体制／メディアに対し、適切なお礼とは／誤報にどう対応するか

第5章　企業サイトの活用　109

広報活動と企業サイトの変遷　110
ウェブサイト商用化の広報への影響／企業サイトの成り立ちと現状

企業サイトとオンライン・コミュニケーションの特性　116
「放置」は許されない／コンテンツに一貫性を持たせること／遅れている海外展開／点から面への対応

ネット活用の実際　120
メディアリレーションズ／ IR、CSR、環境対応など／リスクコミュニケーション／人材採用／インナー・コミュニケーション

企業サイトの管理方法と運用のポイント　125
サイト運営者としてまず行うこと／予算とコンテンツ管理／発注仕様書とコンペ（競争評価）の方法

第6章　ソーシャルメディアの活用と注意点　129

ステークホルダー別にみるメリットとリスク　130
ソーシャルメディアが企業活動に及ぼすインパクト／企業の発信／社員の発信／一般生活者の発信

第7章　広報効果の考え方と測定方法　149

なぜ広報効果測定が必要か　150
広報の効果測定が求められる背景／広報効果測定の問題点／2つの広報効果測定

広報部門にとっての効果測定　152
広報活動目標の策定／広報実績の効果測定

企業マネジメントにとっての効果測定　161
広報活動目標の策定／計画／広報成果の確認／経営トップ、全社への報告／村田製作所の成果

第8章　危機発生から収束までの広報の動き　169

緊急時の広報体制と役割　170
社会にはマスコミを通した情報がすべて／危機発生時の広報の役割／緊急時の広報体制

ダメージを軽減する初動の原則　173
起きたことは仕方がない、潔く対応する／記者会見を早急に実施する意思決定をする／

緊急記者会見の効果とは／緊急記者会見の日時を決める／記者会見の場所をどこにするか／想定質問の作成上の留意点／ステートメントの作成上の留意点／緊急記者会見の連絡の仕方／記者会見場での記者対応について

謝罪会見、釈明会見の開き方　185
司会は「ありがとうございました」を言わないこと／ステートメントを読む場合の注意点／謝罪は最初に行うことが大事／司会は質問する記者の社名、名前を聞いてはいけない／記者会見に条件を付けないこと、時間は最低50分をとる／弁解や言い訳は批判報道の元／知っておきたい「メラビアンの法則」／手際良く会見を終了させるために／スポークスパーソンを直ちに離席させる

社会部記者の特徴と必ず聞かれる質問　193
「疑惑」の視点から追及してくる／記者に必ず聞かれる質問

メディアトレーニングを自前でする場合の準備と実行方法　196
メディアトレーニングの事前準備をする／メディアトレーニングの実施方法

第9章　BtoB企業の広報戦略　199

BtoB企業の広報のミッション　200
BtoB企業は広報部門に何を期待するか／なぜ広報が必要か／防衛的な広報から積極的な広報へ／広報部門の使命と目標／企業メッセージの流通プロセス

誰に、何を、どのように伝えるか　209
誰に伝えるか／ステークホルダーに発信するメッセージ／何を伝えるか／メッセージの切り口／現在から未来へ向かう道筋を語る／ビジョンの策定とミッションの確認／どのように伝えるか／広報は情報営業／情報の発信には広報のビジョンが必要／広報リテラシー

第10章　まず社内広報から始める　221

なぜインナー・コミュニケーションが必要か　222
インナー・コミュニケーションの構図／「企業の論理」と「社会の論理」／インナー・ブランディング

広報部の役割と情報収集の仕組み　227
広報部は情報の管理部門／情報を集める仕組みを作る

どのように情報発信していくか　231
会社を語る標準話法の作り方／広報ツールとしての社内報とイントラネット／社内報のコンテンツ／社員は会社を好きになりたい

第11章　広報がかかわるIR活動　239

IRは企業広報　240
目的は同じ、IRと広報／IRに無関係の企業・団体はない

広報と異なるIR特有の仕事　243
決算発表と適時開示／多すぎるIRの報告書／「1つにまとめる」という新しい発想

第12章　地域に笑顔を生む
────シティプロモーションという仕組み　249

シティプロモーションとは何か　250
名産品を売ればいいわけではない

シティプロモーションはどうしたら成功するのか　251
基盤としての戦略的な発想／コンテンツを作る地域魅力創造サイクル／魅力訴求のための戦略モデル（L）AISLA+S／持続的発展のための多面的評価／シティプロモーションのこれから

第13章　PR会社の仕事と付き合い方　279

PR会社の仕事と役割　280
PR会社には得意分野がある／企業とPR会社の関係

PR会社をどう使うか　284
「アルバイト代わり」ではもったいない／プロに頼むメディアトレーニング／PR会社の選択と契約

第14章　広報担当者の年間行動計画　289

こうすれば広報担当者の目標が作れる　290
広報の年間計画は本当に無理？／ニュースリリースに年間計画は立てられるか？／トップの広報マインドを高める年間計画の立て方／トップとメディアのコミュニケーションを図る「YTT懇談会」

［巻末資料］マスコミ連絡先リスト［業界紙・専門紙・雑誌］　295

序章

広報の使命と求められる資質

 # 広報の本質と業務領域

◯ 広報の出発点は情報開示だ

　社外研修に派遣された青山さんは、やや緊張して席につきました。さまざまな業種の企業や団体から社員や職員が参加する2泊3日の研修です。1人くらい顔見知りはいないかな、と会場内を見回しましたが知らない顔ばかり。会場全体がし〜んと静まりかえっています。隣の席で資料に目を通している女性はどんな会社でどんな仕事をしているのだろう。声を掛けてみようか、それとも名刺を出そうか、と迷っているうちに講義が始まってしまいました。

　ところが翌朝、教室内は一変しました。研修生たちの話し声や笑い声でとてもにぎやかです。この変化はどのようなきっかけで起こったのでしょう。

　実は初日の晩、研修所の食堂で懇親会が開かれたのです。隣の席にいた女性が「私はチヨダ通商広報部の平河と申します」とビールを注ぎながら自己紹介をしました。あちらこちらで自己紹介や名刺交換が始まりました。

「私はミナト電機産業総務部の青山です」

「新聞や雑誌でよく記事を拝見するので、ミナト電機さんには関心を持っていたんですよ」

「チヨダ通商さんは海外ビジネスが好調のようですね。ウチの会社

がレアアースを調達しているのは御社からだったと思います」

　このようなファーストコンタクトから会話が弾み、お互いを研修仲間と認め合うようになっていったのでしょう。ここに広報の本質を考えるためのいくつかのポイントを見いだすことができます。

　初めに挙げたいポイントは「情報開示」です。「チヨダ通商広報部の平河と申します」という最初の一言は、自らの属性を明らかにしています。これは一種の情報開示です。チヨダ通商を知っている人なら、この一言で相手がどのような人かを理解する有力な手掛かりが得られます。

　実はこの「情報開示」という用語は、少々やっかいな言葉です。一般にはdisclosureに対する日本語とされ、投資家向けの広報であるIR（Investor relations）における重要な概念の1つです。証券取引所の規則には、財務情報や経営上の決定など、投資判断に必要とされる、特に開示しなければならない重要事項が細かく定められています。そこで、情報開示といえば規則に書いてある範囲内で情報を出すことと誤解されることが多いのです。「どこまで開示するのか」とか「これは開示しなくてもよい」などという不毛な議論が、記者発表やお詫び会見のたびに内部で繰り返されるのは、それも一因になっているようです。

　広報では、基本的にそのような規則は存在しません。どのような情報をどのように開示し発信していくかは、その企業や団体の考え方、ないしは経営者の姿勢によります。情報の受け取り手である消費者や社会は、情報の内容ばかりでなく、情報開示に対するその企業の姿勢をも感じ取ってしまいます。そのような意味でも情報開示

は、広報の基本であり出発点といえます。

　当然のことながら企業には開示すべきでない情報も存在します。一例を挙げれば新製品の生産ノウハウなどがそれです。これらが競合企業に知られてしまったら、競争力を失い企業価値が下がってしまいます。株主や社員ばかりでなく顧客にとっても好ましいことではありません。このような知的財産に関する情報をはじめ、顧客や社員の個人情報なども公開すべきでないのは当然です。また、すべての情報を公開する必要もありません。しかし、どれが守秘すべき情報であり、どれが公開してよい情報であるかを十分に精査している企業はほとんどありません。

　広報は全社的な価値判断で行われるのが原則です。それ故に、最終的にはトップの判断に委ねられることが少なくありません。というのは、ナンバー２以下の役員や社員は、全社的な利益と個人的な利益との間に相反関係が生じることがあるからです。この情報を公表することは会社にとっては良いことかもしれないが、自分の失敗が表面化するから反対しようといったケースです。まれにトップ自身に問題があるケースもありますが、一般にはトップだけが全社的な立場で判断することができます。そのような利益相反を排除しつつ全社的なスタンスで分別すれば、本当に秘匿しなければならない情報は意外に限定的であることが分かるでしょう。

　企業が危機に陥ったときは、情報開示がその後の経過に大きく影響します。適切な情報開示がなされていれば、消費者や社会からの理解が得やすいばかりでなく、社員からの信頼も強まり、危機に立ち向かおうとしている会社の求心力も高まります。事実を隠したり

事実と異なる説明をしたりすれば、社員の中に疑心が芽生え、「いつか真実を明らかにしたい」という気持ちが膨らんで、ついには内部告発というカタチをとって企業に大きなダメージを与えることにもなりかねません。内部告発に至らないまでも、記者会見に同席した幹部が、社長が口をつぐんでいた事実を暴露したケースが過去に何回かありました。真実を知った人が、それを開示したいという気持ちになるのは人間として極めて自然なことです。これは、情報開示が社会正義の問題でもあることを示しています。

◉ 口火を切らなければ始まらない

2番目のポイントは、誰かが口火を切っているということです。当たり前のようですが、誰かが主体的に行動を起こさなければ関係構築は始まりません。広報において口火を切るのは社会や消費者の側ではなく、企業や団体の方です。待っていても広報活動は始まりません。社会の側からコンタクトを求められるのは、企業が危機に陥ったときくらいのものです。危機に直面してから良い関係を作ろうとしても間に合いません。

広報は企業意志によって、意図的に関係構築を実現しようとする企業活動です。目標や目的、対象、期間などを明確にし、それを実現するための戦略と戦術、そして予算の裏付けのもとに消費者や社会に働き掛けるものです。場当たり的に記者発表したり情報を流したりしても大きな成果は得られません。広報とは戦略であり、組織の意志に基づく活動です。

3番目のポイントは、1人が口火を切って問い掛けたら、もう1人

が答える、それによって人間関係が深まっていくということです。対話、つまり双方向性が重要なのです。

「どちらにお勤めですか？」

「それはちょっと……」

では、2人の関係はそれ以上深まりません。

一般に、ざっくばらんな性格の人や腹を割って話す人は誰からも好感を持たれます。周囲は警戒心を解くばかりでなく、信頼も寄せるようになります。ガードの堅い人は敬遠され、時には警戒されてしまいます。前者は発信する情報が多く情報開示が上手な人、後者は下手な人といえるでしょう。企業や団体を安易に擬人化するのは慎まなければなりませんが、このような事情はまったく同じです。

企業の意志で社会に働き掛けると同時に、社会の側からの働き掛けを受け入れる姿勢を持っていなければ、対話は成り立ちません。一方的に情報を発信するばかりでなく、対話の中からお互いの関係性を発見し、相互理解の基盤を構築していくことは、広報の最も重要な使命であるといえます。

◯ 広報の定義

ここで、広く受け入れられている広報の定義をご紹介しましょう。「パブリック・リレーションズ（＝広報）とは、組織体とその存続を左右するパブリックとの間に、相互に利益をもたらす関係性を構築し、維持するマネジメント機能である」※

これはS・M・カトリップという米国の広報学者による定義で、短い文章の中に広報の本質が詰まっています。

※S・M・カトリップ他著『体系パブリック・リレーションズ』ピアソン・エデュケーション刊

企業と社会の双方がウィン・ウィンになるような関係を作り上げ、さらに維持するマネジメント機能が広報であるというのがカトリップの考えです。広報は、やりたくないけど仕方なくやる業務でもなければ、お金をかけずに商品を売る方法でもなく、企業と社会が良い関係を維持しながらお互いに発展することを目指す経営機能なのです。

　この定義には「コミュニケーション」という言葉が見当たりません。広報実務の大きな部分をコミュニケーションが占めているのは間違いありませんが、広報の本質はコミュニケーションという方法論ではなく、社会との良い関係を作るという大きな目的にこそあると言いたいのかもしれません。

○ 今、広報は

　自動車やスマートフォン、飲料など、一般消費財を扱っている会社、いわゆるBtoC企業では、商品のマーケティング戦略に欠くことのできない要素として広報活動が位置付けられるようになっています。媒体料が多くの部分を占める広告費よりは絶対額は小さいものの、かつてと比べれば驚くほどの予算が広報に配分されることも、今は珍しくありません。このような商品広報活動を「マーケティング広報（MPR）」と呼びます。

　MPRでは記者発表も、もはやイベントやショーと呼ぶ方がふさわしいほど大掛かりな演出で行われています。消費者を巻き込むさまざまなイベントやソーシャルメディアを活用した活動なども広報の一環として盛んに行われています。これらは限りなく販売促進に

近いもので、どこまでが広報でどこまでが販促なのか、その境界が極めてあいまいになってきました。

　その一方で、いまだに広報活動など必要ないと考えている企業や、その重要性に気付いていない企業も数多く存在しています。その多くが生産財などの企業間取引を主体とするいわゆるBtoB企業です。そのような企業の経営者は、私の会社は限られた自動車メーカーに部品を供給しているだけだから広報など必要ないとか、広報活動でどのような利益が生まれるか分からないといった考えを持っているようです。この種の企業で広報を担当する人は職務に忠実であろうとすればするほど、社内の抵抗勢力との確執を味わわされることになります。このように今、日本の広報の現状は二極分化しているように見えます。

　広報と広告も、最近ニアミスが目立ってきました。しかし、その本質的な違いについては理解しておく必要があります。

　どちらもメディアを利用するという点は共通していますが、広告がメディアからスペースや時間を購入して行うものであるのに対して、広報は原則としてメディアに情報を提供する（これをパブリシティーと呼びます）だけで、実際に報道されるかどうかはメディアの判断に基づきます。広告はメディアを広告媒体として利用するのに対して、広報は報道機関、ジャーナリズムという側面を利用しているといえます。

　また、広告ならインパクトのあるコピーや美しいビジュアルや音楽などを使うことによって、メッセージを伝えるだけでなく感性にまで訴えることができますが、広報ではそうはいきません。報道内

容には、報道機関の価値観や解釈が反映されますから、必ずしも発信元の意図通りに報道されるとは限りません。

　ジャーナリズムには、社会の代表としての役割があります。民主国家では国民は知る権利を持っていますが、その一人ひとりに直接情報を伝達したり、逆に意見を吸い上げたりすることは事実上困難なので、その代理がジャーナリズムに期待されてきたわけです。記者発表や記者会見は、間接的に社会や市民に対して発表や会見をしているのだ、という考え方はそこから来ています。

　広報は、20世紀のマスメディアやジャーナリズムの発展とともに歩んできました。ところがインターネットの出現で、その様相が一変しました。新聞の購読率やテレビの視聴率に陰りが見え、出版不況も出口が見えません。今や消費者は、消費者自身がネット上に書き込んだ多種多様な情報の中から必要とする情報を選び出し、それに信頼を置くようになりました。それとともにマスメディアへの信頼が揺らぎ始めました。このような状況は同時に、これまでの広報活動の基盤が大きく揺らぎ始めたことを意味します。

◉ 広報のさまざまな特性

　広報活動には、ターゲットを絞りにくいという特性があります。学生に向けて発信したつもりの情報が、学生以外の消費者にも伝わっていくといった現象はしばしば見られます。マーケティング的な発想では、ターゲットを絞れば絞るほど効率的になり、費用対効果が高くなります。しかし、広報では、一度社会に向けて発信された情報は、発信元の意図にかかわりなく拡散されていきます。特にネ

ットが発達した現在では、その傾向が強くなっています。厳密なターゲットの絞り込みを広報にも当てはめようとするのは、難しい面があることを理解しておく必要があります。

　広報は、社会のマインドや感情に働き掛けるという側面もあります。企業が問題を起こしたケースなどで、法的には企業に責任がないとされても、社会に嫌悪感や憎悪が拡大し、そのブランド価値を大きく損ねることがあります。一方、適切な情報開示が行われて、好感度や信頼度が逆に高まったケースも見られます。消費者や社会と良い関係を構築するには、メッセージなどの言語的なコミュニケーションばかりでなく、非言語的な側面にも十分目を向け、そのマインドや感情への影響にも十分配慮する必要があります。

　広報にはヒューマンファクター(人的要因)が大きく影響します。かなり人間くさい仕事です。

　CMをどのくらい流したら販売数量がどんなカーブを描くとか、目につきやすいPOPを店頭に配置すれば何パーセントの売上増になるというのがマーケティング的発想ですが、広報は自動化やシステム化がしにくい業務ともいえます。広報担当者は、毎日メディアの人たちに会い、説明し、意見交換をしています。広報は会社を売り歩く営業だと言った人がいます。確かにそのような属人的な活動が広報の基礎になっていることは否定できません。成功した広報キャンペーンの舞台裏にも、しばしば優れた広報担当者の姿があります。

 広報担当者には何が求められるか

◯ 勉強と、経験と、人間力

　広報の業務に携わる人たちに求められるものは何でしょうか。これには知識やスキルのような勉強と経験によって身に付けられるものと、資質や能力、パーソナリティーのように学習だけでは容易には身に付かないものがあります。

　知識やスキルに関しては、米国パブリック・リレーションズ協会の公式声明が参考になります。

> 「パブリック・リレーションズの専門的実務に要求される知識の例としては、コミュニケーション技術や心理学、社会心理学、社会学、政治学、経済学、およびマネジメントと倫理の原則などが挙げられる。また、世論調査や社会問題の分析、メディアリレーションズ、DM、企業広告、印刷物、フィルムビデオ制作、特別イベント、スピーチ、プレゼンテーションに関する手法上の知識とスキルも要求される」

米国パブリック・リレーションズ協会（PRSA）「パブリック・リレーションズに関する公式声明」1982年

　今は、これらに加えてITの知識も必要でしょう。とてもこれだけの知識を身に付けることはできないと悲観する必要はありません。

それぞれの専門家になることを要求されているわけではないからです。実務の必要に迫られてその都度勉強していくうちに、これらの知識は獲得していくことができます。

　聞く技術、話す技術、書く技術は広報を仕事にする人にとって必須です。これらに人間的な要素が加わることで初めて「コミュニケーション力」としての力を発揮します。人間的要素とは、明るい、さわやか、オープン、積極的などと表現されるパーソナリティーの側面と、公正性、正義感、信頼感などの倫理的な側面を兼ね合わせたものです。口の固さも重要な要素です。情報は的確なタイミングで正確な内容で伝えられてこそ最大の効果を発揮します。不用意に情報を流してしまうことは絶対に避けなくてはなりません。広報担当者の口の固さとは、情報のマネジメントが十分できていることを意味します。そうであってこそ、組織内の人たちから信頼され、重要な情報も早い時期から広報に伝えられることになります。

　社会の状況は刻々と移り変わります。企業や団体もまた環境に適合しつつ変化をしていきます。その時々に生じる企業と社会との間の問題は、多様な要因がからみ合う複雑なものです。個々の事象の背後にある複雑な関係性を理解しながら適切な判断を下し、的確かつ迅速な行動を起こさなければ、社会との関係は瞬く間に崩壊してしまいます。的確な判断を可能にするのは、個々の知識やスキルや過去の経験の単なる集積ではなく、それらを統合した「実践知」であり、それこそ真に広報担当者に求められるものに違いありません。

第 **1** 章

メディアに取り上げてもらう方法

広告と広報の違い

○ 社内とメディアの間で孤軍奮闘

　企業が広報活動をするにあたっては「売りたい！」、「集客したい！」という自分本位な考えに、メディアをいかに乗り気にさせるかが重要です。たいていの場合、企業のアピールしたいものとメディアが紹介したいネタは合わないものです。そこを両者がなんとか折り合いをつけることによって、企業や商品が登場する記事なり企画なりになっていくのです。立場でいえば、多くの場合、メディアの方が少し上に立っていることが多いものです。だから広報担当者は普段からメディア関係者に対し、かなり丁寧に接するし、メディアの要求に応えます。

　メディアが聞きたいものは、例えば「具体的な売上を出してほしい」だったり、「この商品の成分は、本当に安全なのか」など、あまり企業としては言いたくないことだったりもします。そうでなければ、「ちょうちん記事」扱いをされ、メディアとしての信用を失うからです。

　メディアの要求にそのまま応えた場合、会社の別部署の人や上司から「こんな論調で書かれやがって！」や「ブランドイメージが毀損されたらどうするんだ！」などと怒られます。広報担当者は「だったら広告費を用意しろよ……。そうすればこちらの言いたいよう

にそのまま出るさ……」とグチも言いたくなってしまうでしょう。

　広報担当者がメディアとの関係構築に地べたをはうような努力をしているということも知らずに、部外者は勝手なことを言うものです。基本的に広報担当者というものは、「社内」の文脈を「世間」に対して翻訳してあげる役割を持った人々です。だから、波風を立てたくない企業の側の人間と、波風を立てたいメディアの間で右往左往しつつも、両者の顔をなんとか立てようとするのです。

　社内からは「お前はウチをおとしめようとしているのか」と言われ、メディアからは「あなたからもらったネタ、正直つまらないんですよ。公にする価値ないんですよ」と言われる。それでいて「露出が足りない！」と社内では別の側面からも怒られる。こうした板挟みになるのが広報担当者の役割なのです。

◎ メディアの論理に従え

　企業が何かを世間さまにPRしたい場合は、媒体側の論理に従うのが正しい。なぜなら、世の中には無数の企業があり、メディアが取り上げたくなる企業の割合は実に少ないからです。そんな中、「取り上げますよ」と言われたのに、いちいち「ブランドイメージを毀損するのでは……」、「そんな風に書かれたくない」などと気にしすぎるのは広報活動をする姿勢にかなり反しています。

　冒頭の話に戻りますが、メディアが企業に取材をする理由は、あくまでも「自分がやりたい企画に合致しているから」です。だからこそ、企業の側が広告費を払っていないにもかかわらず、ガタガタ言ってきて従わせようとしてきたら「だったらあなたの会社は取り

上げません」ということになるのは間違いありません。

　私は今、14ほどのネットニュースのサイトの編集を担当していますが、毎日のように「取り上げてください」というオファーが来ます。ですが、「原稿チェックをさせてください」、「見出しがおかしいです」などと言われたら「別にあなたの会社のことを好意的すぎる形で紹介する義理はないのですが……。編集権はこちらにあります。出したいイメージがあるのならば、編集タイアップの費用いただけませんでしょうか」としか思いません。というわけなので、メディアにアプローチをする場合は「メディア・世間に役に立つ情報」を提供できているかどうかだけを基準にした方が良いのです。

　基本的にメディアが記事や番組内で企業のことを取り上げる理由は、タイアップ費などの形でお金を払っていない場合は1つの条件しかありません。それは──

"企画にその商品が合致した場合"

　これです。例えば、「最近はノンアルコールビールがブーム」という記事を書きたいと考えた新聞社が、ビールメーカー各社を取材し、売れ行きやブームの背景を把握した上でその商品が実例として露出するのです。別に新聞社を含めたメディアは、それら商品をPRしたいわけではまったくなく、「自分が書きたい記事のパズルのピースになる」から紹介しているだけです。これが部数増加や視聴率増加、PV（ページビュー＝アクセス数）増加につながるからです（ただし、好意的に書いておけばいつか広告費を取れるかも……

という打算的な考えを持つメディアも存在します）。

　ですが、企業とメディアのこうした上下関係が逆転することも時にあります。それは、どんなメディアであろうとも食い付きたくなるネタです。オリンピック、サッカーワールドカップ、解散総選挙、紅白歌合戦、レディー・ガガ来日、新型iPhone発売といったネタであれば、勝手にメディアの方から「紹介させてください！」、「取材させてください！」という嘆願が多数寄せられるはずです。

　ですが、そんなネタを用意できる企業などそうそうないし、用意できる企業があったとしてもその機会は数年に１度あるかないかでしょう。だとすれば、広報活動でやるべきことは、常日ごろからメディアにいかにすり寄るか、です。「すり寄る」と言えば、聞こえは悪いですが、「メディアが欲しがりそうなネタをいかに提供するか」ということが重要になります。そのために広報担当者がやるべきことは①各メディアの研究を怠らない、②自社製品・サービスがそのメディアの企画にどう合致するかの上手な説明、の２点。

　プロモート活動の際にも、提案するにあたっての切り口は媒体別に変えなくてはなりません。「ノンアルコールビール」を題材にする場合は、一般紙だったら「昼間でもビール風飲料を飲みたいビジネスパーソンから支持されている」で大丈夫ですが、グルメ雑誌であればこれはダメです。切り口としては、「最近人気のノンアルコールビール　どんな料理に合う？」や「ノンアルコールビールを置く店の店長　理由は何か」などにすべきでしょう。

　そのためには、メニューの提案も含め、店長のコメントも取っておく必要があります。メディアにタダで載せてもらおうとするので

あれば、これくらいの準備をするのは当然の話です。そこで興味を持ったら彼らは追加取材をすることでしょう。単にメディアリストから絨毯爆撃的にリリースを送りつけても、あまり効果的ではありません。「オレらのことを分かってないこの会社からまた来たよ」とファクスや封書だったらすぐに捨てられ、メールだったら開封されることもないでしょう。

　媒体ごとに企画の特性があり、企業から提案すべき切り口は違うにもかかわらず、プレスリリースを送りつけるだけで、「なんで出してくれないのですか！」と文句を言う無能なPRパーソンも時に存在します。申し訳ありませんが、別にメディアはあなたの会社のPRのために存在するのではありません。あくまでも、その先の読者・視聴者のためにあるわけで、企業の商品やサービスを紹介するときはあくまでもその商品・サービスが読者にとって有益な情報だと判断したからなのです。

　例えば、節電対応電化製品を売ろうとしていたものの、さほど気温が上がらなかったとしましょう。もし、本当に暑く節電の必要性があるのであれば、メディアはその商品を取り上げます。ですが、気温が上がっていない以上、節電の必要がなかったらその商品を取り上げる意味はありません。企業としては、「本来節電が必要であるはずだったのに……」、「暑いときのピークにマーケティング・広告宣伝活動に力を入れようとしていたのに……」という事情があるでしょう。いや、広告だったらそのままやればいい。ですが、広報の場合は「それはあなたたちの事情ですよね？　世間は今、節電に関心がありません」と言います。

あるいは「家電メーカーのもくろみ、外れる。節電家電、売れ行き低調」という記事になってしまいます。だとしたら、家電メーカーの広報が考えるべき企画は「節電対応商品・実は"薄型"が多い」など、「省スペース」の方向でアピールすることです。これなら引っ越しのシーズンなどには需要があるかもしれません。

つまり、広告と広報の違いは前者が「企業の都合」であるのに対し、後者は「世間の都合」である点です。この違いが分からない人がいるからこそ、冒頭で挙げたように「こんな論調で書かれやがって！」や「ブランドイメージが毀損されたらどうするんだ！」と怒る人が登場するのです。

プレスリリースの文面がすべて同じなのは構いませんが、本気でその媒体に取り上げてもらいたいのであれば、電話やメールで「あなたの媒体にはこういった切り口もあるかと思います。そのために私たちは○○を用意できます」などと補足すべきでしょう。ここでいう「○○」とは、その分野の専門家だったり、その媒体に合致したデータのことです。プレスリリース自体は全媒体を対象にしていてもいいのですが、掲載を切に願うのであれば、その後各媒体に合わせて企画の提案をするべきです。

ビジネスパーソン向けのニュースサイトに「子どもをお迎えに行かなくてはいけない主婦の昼会にノンアルコールビールがオススメ」という企画を提示されても「あのぉ……、ウチ、主婦は相手にしていないんですが……」と言うしかありません。さらには「お前、オレの媒体のこと読んでるのか！　単にお前が月末にクライアントに提出するエクセルの"媒体掲載実績"を増やすためだけにオレらを

利用したいんだろ！」と怒るレベルです。

　PR会社や広告会社、そしてその先にいる企業の広報担当者は基本的には、「媒体掲載実績」がどれくらいあるかを求めます。これが「広告換算」につながり、自身の評価になるのです。だからこそ、より多くのメディアに記事を出したいと考えます。ただし、これは単に「自分は仕事やってますアピール」でしかありません。

　また、前出①（P27参照）「各メディアの研究を怠らない」を補足すると、これを怠ったがためにとんでもない失礼を働くことがあります。雑誌・BRUTUSの西田善太編集長から聞いたのですが、同氏が最も腹が立つのは「BRUTUSに弊社担当者のインタビューを掲載していただけませんでしょうか」という依頼なのだといいます。なぜかというと、BRUTUSには「インタビューページ」はないからです。

　そもそも該当するコーナーがないにもかかわらず「そこに載せてください」というのは失礼極まりないことです。鮮魚店に「ウチの牧場の牛肉を売ってくれ」と依頼するようなものです。もっと極端なことをいうと、書店に「ビールを売ってくれ」というようなものです。書店でビールを売るということは、まずは酒類販売の免許を取ることが必要ですし、冷蔵庫を準備する必要もあります。PRパーソンの不勉強により、不快に思う媒体が多数あることはメディア側の人間としては知っておいてほしいことです。

　「とにかく出してほしい。出れば私が社内で（※PR会社や広告会社の場合は「クライアントに対して」）良い顔ができる」という広報側からの勝手な要求には、メディアの人間は付き合う気は毛頭あ

りません。なぜなら、その担当者の社内的な立場など、どうでもいいからです。

◉ 広報は無料の広告？

　最近でこそ広報の重要性が知られるようになってきましたが、1990年代後半〜2000年代前半ごろ、広報のことを「無料の広告」ととらえる人もかなりいました。

　「広告費が足りない？　CMを打てないんだったら広報部にプレスリリースでも書かせて新聞に書かせろ」といった乱暴な意見も時に出るほどでした。広報が脚光を浴びるときといえば、せいぜい不祥事を起こした際のメディア対応くらいでした。

　こうした意識があっただけに、企業の広報担当部署はとかく社内から軽く思われがちです。記事が出なかった場合は責任を問われ、ラッキーなことに取り上げてもらえたとしても、満足いく記事でなかったら文句を言われました。

　それでは、本項の最後に広告と広報の違いをまとめておきます。

「広告＝金の力で言いたいことを言える」
「広報＝メディアの企画（＝世間の関心事）に企業の側が合わせる」

メディアの種類とアプローチ方法

◯ 広報が意識すべきメディアとは

　メディアはもはやはっきりと分類することは難しくなっています。「マスメディア」といえば、旧来の感覚からすれば、テレビ、新聞、雑誌、ラジオが挙げられます。ですが、今、個人のブログでさえ地方ラジオ局よりも多くの人が接触していたりもするわけですし、ポータル系のニュースサイトや有力な2ちゃんねるまとめサイトは月間1億以上のPVを稼いでいたりもします。「マスメディア」の定義が揺らぎ始めているのです。

　乱暴に分けてみると、「マスメディア」と「SPメディア」（交通広告・チラシ・屋外広告など）、それに「ネットメディア」があります。さらに、ネットメディアの中には、ユーザーがネット上に情報を発信していく「ソーシャルメディア」も存在します。

　これら各種メディアに対して広報担当者はどうアプローチしていくべきでしょうか。ここでは大ざっぱにそれぞれの対抗策を書いておきます。

【テレビ】：企画提案はあまり通用しない。ただし、店舗ニューオープンの情報などは報道局にきちんと伝えておくべきだろう。
　ワイドショーをはじめとした情報番組については、芸能人が発表

に出る場合は来てくれる可能性が高まる。なんだかんだ言ってもいまだに"最強媒体"であることは間違いないので最も掲載確率は低い。露出されればラッキー、程度に考えておいた方が良いだろう。PR会社の中には成功報酬によって商品露出をアレンジする会社もある。

【新聞】：新商品紹介欄で使われるのを待つのが吉。基本的に新聞社は公共性が高いと記者自身も考えているため、単独商品を取り上げてもらうことはなかなか難しい。新聞社の場合、商品紹介欄以外であれば、「傾向記事」として紹介されることはある。それは、例えば「節電対応家電が人気」といった企画で、節電エアコン、LED電球、節電冷蔵庫の3者が横並びで掲載されるケースだ。「なんで他社が取り上げられているんだ！」と怒る上司がいた場合は「あのぉ……、単体で取り上げられることなんてありませんので……」と呆れてみせるべき。だが、不祥事を起こせばかなり取り上げるのも新聞の特徴である。

【雑誌】：書評欄や商品紹介ページなど、定番のコーナーがあるのであれば、関連した商品のプレスリリースを送るのは有用である。それに加えて、「人間関係」が重要な役割を果たすのも雑誌である。
　というのも、雑誌の企画は編集者の人間関係で成り立っている部分がかなりあるからだ。たまたま昔からの知り合いだった、とか、どこかの飲み会で出会った、といったことで仕事が発生することも多い。プレスリリースを送りまくるというよりは、本当に自分が出

したい雑誌の編集者と懇意にする努力をすることの方が、成功率は高まるだろう。

　私の知り合いの某雑誌編集部は、ファクスの線を常時抜いている。理由は「プレスリリースが多すぎるから」とのこと。有用な情報をくれる人はプレスリリースをやみくもに送ってくる人よりも、普段から密な関係を築いている人なのだという。

　だからこそ「そんなウザいファクスを見る以前に、ちゃんとした情報をくれる人をオレらは知っている。だから、ファクスは一切いらない。ファクスが届くときの音もうるさいので、線を抜いておいた方が良い」というのである。

【ラジオ】：テレビほどではないが、商品が紹介されることはあまりない。「出たらラッキー」くらいに考え、リリースは送っておくべきだ。

【通信社】：イベント情報、プレスリリースは送っておくべき。基本は新聞と同じような対応でOK。

【ネットニュース（※新聞社・通信社系は除く）】：プレスリリースは送っておいた方が良い。そして、専門分野を取り上げる媒体は多数存在するため、その媒体に対しては、情報提供は密にしておくべき。

【フリーペーパー】：編集記事はあるものの、基本は広告のため、掲載される可能性は低い。ただし、事前に企画内容を把握するくらい

のメディアリレーションは作っておくべき。また、自社にまつわる情報は積極的にウェブに開示しておきたい。

【SPメディア】：基本的にすべて広告のため、アプローチする余地はほとんどなし。

【有力ブロガーやツイッターユーザー】：企業のタイアップがついていることもあるが、彼らは「面白い」と感じたものは自発的に紹介してくれる。そのためには、"ネット文脈"（ネット特有のウケる話題）に従ったネタを彼らに提供する必要がある。

　ネット上で多大なるプレゼンスを持つ人物から支持を受けるようなネタを投入することによって、ネット上ではバズ（拡散）が発生することだろう。

　こうしたさまざまな主体が「メディア」として君臨しているわけですが、重要なのは情報を開示することです。その中でも重要なのが「数字」です。

　基本的に、記事というものは「数字」がなくては成り立ちません。いくら企業が「売れています！」と言おうが、「で、どれだけ売れているのですか？」と聞かれるのは当然です。それに対して「かなり売れています」という答えであれば、「『かなり』とはどれくらいですか。具体的に教えてください」と間違いなく言われます。

　ここで答えなかったら「数字を言う気のない閉鎖的会社」とされ、その後取材対象になることはないでしょう。記者からすれば、秘密

主義の企業は、付き合う価値のない企業なのです。なぜならば、メディアは具体的な成果や事象を読者に伝えたいからです。それなのに、自社にとって都合の良い情報だけを出したいと考えるのはあまりにも虫がよすぎます。

多くの企業には「言えないこと」があるでしょう。それは私もよく分かります。ですが、「言えないこと」はただの社内事情です。情報を開示できないのであれば、それはもはや広報活動をする資格がないとしかいえません。記者会見に呼んでおいて「具体的な数字は言えない」などと言うことはあり得ない。もし、そう言うのであれば、あなたの会社は「隠ぺい会社」として、歴史に名を残すことになるでしょう。本当に言えない場合「予想の〇倍」くらいはせめて言っておきたいところです。

◯ メディアリストのポイントはタグ付け

メディアリストの管理の仕方については、第2章を参照いただきたいのですが、個人情報であるからロックをかけたりすることは当然として、重要なのがメディアリストに掲載された人々をタグ付けすることです。タグ付けというか、その担当者がどの業界を扱っているか、何が好きか、どんなネタを追いかけているか、といった情報を付随させておくのです。そうすることにより、記者会見に呼ぶ記者をソートし、ドンピシャの人だけに案内状を出すことができるようになるのです。例えば、モノ系の雑誌編集部があったとしても、カメラの担当者もいれば、携帯電話の担当者もいる。部署名や媒体名に加えて、担当商品や関心の高い案件をエクセルに明記し、選別された人だけ

に送っておけば、読んでもらえる確度は高まるでしょう。

　また、案内状やリリースを出すにあたっては、杓子定規に同じ原稿を送る必要はありません。仲が良い記者であれば、次のような文面でも構いません。

● 仲が良い記者にリリースを送る文例

○○新聞　△△様

　いつもお世話になります。暑いですが、いかがお過ごしですか！　今回、当社で、ノンアルコールビールの新製品を出すことになりました。これまではスッキリ系が多かったノンアルコールビールですが、"どっしり"を心掛けたものです。ぜひ、試飲会にいらしてくださいませ。20日の11時から13時まで、新宿の◎◎ホテルでやっています。詳細は、下にリリースの文面を貼り付けましたので、ご参照ください。

　　　　　　　　　　　　　　　　　□□ビール・××拝

リリース文貼り付け

◉ 王道のアプローチ方法

　さて、メディア担当者にいかにしてアプローチするか。ここでは、よく行われる手法をいくつか紹介しましょう。

【ニュースリリースの発行】

　本章で何度も書いたこと。新商品や新サービスの概要を分かりやすく解説したもの。5W1Hが重要。また、商品スペックや価格、発売日については正確な記述をする。記者が記事を書くにあたり、すべての基礎情報となる。これを、前出「メディアリスト」に従って封書やファクス、メールで送付する。「プレスリリース」とも呼ぶ。ニュースリリース配信サービスや、ニュースサイト内に掲載される例なども存在する。

【ニュースレターの発行】

　調査結果や、企業の専門領域についてまとめ、配信。「○○通信」などと題することもあり、ニュースリリースよりは軟らかい体裁であることが多い。直接的な掲載を目指すというよりは、メディア担当者から「この会社は時々役に立つ情報をくれるんだよね」という関係構築に使われることが多い。

　かつて、私がとあるスポーツデータブックのPRをしていたときにニュースレターを書いていた。内容は、同データブック内のおもしろデータを紹介したほか、追加調査をした結果をまとめたもの。これを9週間連続で発行したのだが、格闘技に関する話題のときに

「日本最強の男はジャイアント馬場」という追加調査の結果を書き、某新聞社から問い合わせが来て、人気のコラムにその結果を載せてもらえたことがある。

【記者会見・記者発表会】
　より力を入れたい商品や新商品は、直接社長や事業責任者の口からメディア担当者に語り掛け、実際にその場で触ってもらうために実施する。また、2部制にし、1部ではテレビのワイドショーやスポーツ新聞に対応するため、芸能人を呼ぶことも多い。
　記者会見を開くには「案内状送付」→「出欠確認」→「当日実施」という流れで行う。プレスリリースは基本的には一方向ではあるものの、記者会見では質疑応答があるため、失言をせぬよう、「想定問答集」や「想定Q&A」などを作っておき、登壇者にはそれをきちんと覚えさせておくことが重要。また、不祥事を起こしたために謝罪する場合などは、より誠意を見せるためにも会見をする必要性は高まる。

【メディアキャラバン】
　スポーツ新聞で「今日、寒い中、水着姿で本紙編集部を訪れてくれたのは、〇〇ビールのキャンペーンガールの田中裕実クン（23）。田中クンの趣味はヨットなのだとか（後略）」といった水着アイドルの写真付きの記事を見たことがあるだろう。あれは、編集部に「水着アイドル連れていきますから、ぜひ商品を紹介してください」と事前にお願いするものである。通常、スポーツ紙、夕刊紙の編集部を訪れ、記者に商品を試してもらったり、イベントの紹介をしたりする。

もちろん水着を着なくてはいけないわけではなく、観光大使が和服姿で訪れても良い。ただし、スポーツ新聞は水着や露出の高い格好を求めており、一般紙はそれではダメなため、媒体の選別には注意したい。

なお、メディアキャラバンの意味は「女性を連れていく」ことではない。「メディアを数日のうちで何件も回る」ことを意味しているため、水着・女性にこだわる必要はない。私もかつて、新しく出た女性向けの低アルコール飲料を何ケースも台車に積み、女性ファッション誌の編集部を行脚したことがある。これもメディアキャラバンである。

【記者懇親会】
関係のある記者を一堂に集め、食事をしたりしながら、商品・サービスの説明をする。メディアと良い関係を作りたい企業側と、何かあった場合のネタ元が欲しいメディア側の利益が合致するため行われる。

【会いに行く】
前出メディアキャラバンと似てはいるものの、これは旧知の記者などに「最近どうですか？」や「最近ウチ、こんな商品出したんですよ」と雑談がてら、会いに行くこと。喫茶店で会うこともあれば、メディアのオフィスを訪ねることもあり、はたまた酒を飲みながらすることも。

【現物を送る】
新商品が発売される直前や直後に、「どうぞ試飲ください」とプ

レスリリースと現物をケース単位で送ること。相手が気に入った場合、商品紹介や商品レビューをしてくれる可能性がある。

メディア人の偽らざる本音

○ ヤフーが見ているのはユーザー

　現在、企業の広報担当者が何としても取りたいメディア露出は1にテレビ番組。その次が新聞──と以前であれば言うところでしょうが、ネット上の拡散を考えると「ヤフー・トピックス」こそがその最右翼でしょう。このコーナーですが、企業ネタは必ず取り上げられます。なぜなら「経済」というカテゴリーがあり、そこには企業も含む経済ニュースが必要だからです。例えば、私が担当するNEWSポストセブンというニュースサイト発のニュースでは、こんな見出しの経済記事がヤフー・トピックスに掲載されました。いずれも多数のリンクが返ってきました。

"エナジー飲料ブームでも巨人「オロナミンC」の首位は揺るがず"
"10月日本発売？のiPhone5「おサイフ機能搭載か」と専門家予測"
"生産台数7600万台　ホンダ・スーパーカブのリニューアル秘話"

　「オロナミンC」、「iPhone5」、「スーパーカブ」のように、多くの人になじみ深い商品の背景が書かれていることにお気付きでしょう

か。こうした商品は多くの人から関心を持たれるため、ヤフー・トピックスの編集部としても、「経済」カテゴリーで取り上げたいと考えるのです。

ですが同編集部は大塚製薬やアップル、ホンダにこびたいわけではありません。あくまでもヤフーのユーザーの側を見ているのです。時に「ヤフー・トピックスに載らないじゃないか」と怒る広報担当者がいますが、それはダメです。メディアの都合を広報担当者はもっと理解しなくてはいけません。メディア露出というものは確実性もなければ、約束事もなく、「出ればもうけもの」なのです。

◯ メディアと広報は本来対等

本章の冒頭部分でメディアが企業ネタを取り上げる条件は1つしかない、と書きましたが実はもう1つあります。裏技的な話ではありますが、これです。

"広報担当者（PR会社）がメディアの人間と仲が良い"

とあるPR会社の社員と懇意になっているため、自分の媒体で必要な情報と、編集者である自分自身の好みは彼女に伝えています。例えば自分が関係しているサイトは基本的には庶民派のサイトのため、ファストフードやディスカウント店関連のプレスリリースは重宝します。ほかにも「B級な企画」、「バカ企画」、「タレント関連のもの」といったオーダーをしました。

そのため、多数のクライアントを抱える彼女であっても「必要そ

第1章　メディアに取り上げてもらう方法

うな情報はコレ」と必殺のプレスリリースを送ってくれます。彼女のセレクションが良いものですから、「周囲のPRプランナーの方にも私好みのネタがあったら送ってくださるよう伝えてください」と伝えたところ、一時期リリースが殺到しました。

　ですが、どれも見当外れなのです。彼女はきちんと説明したと思われますが、彼女の同僚は「送っておけば取り上げてくれる"カモ"を発見！」といったスタンスで私にプレスリリースを送ってくるのです。この場合はもはや「メール爆弾」といったレベルです。そのため、ツイッターで「オレのことを"書いてくれる機械"のように扱うんじゃねぇ。媒体研究しやがれ！」と激怒しました。

　会ったこともない人間にそれほど温情をかける必要はありません。記者・編集者だって人間です。愛着がある相手に対しては誠心誠意尽くすし、多少ネタが「弱い」場合であってもなんとか露出させようとします。そういった人間関係があった上での「ネタ提供」であり、プレスリリースの送信・配布なのです。

　かつて付き合いのあったPR会社の女性が業界で優秀だと評判でした。何しろ感じが良い。「近くに来ました」といきなりお菓子を持ってきてくれたり、そこで少し雑談などしていたかと思えば、「これ、何とか出せませんか」とずけずけと言ってくる。こうなれば「アンタはうまいねぇ……」と半ば呆れながらも感心し、なんとか企画を成立させようという気持ちにもなります。

　また、以前非常に優秀なPR会社の社員がいたのですが、彼女は一緒に企画を考えてくれました。自分が担当している缶コーヒーのCMを雑誌の特集に入れてくれ、と頼んできました。そこで彼女は

「このコーヒーのCMのユニークな点は、複数タレントが１つのCMに登場しているところです」と特徴を言います。当時のCMは「有名タレント１人」か「有名タレント１人＋無名出演者数人」というキャスティングが多かったので、「複数タレント」は引きがありました。ですが、あなたの扱っている商品のCMを単体で紹介するのではさすがに弱いと伝えたら、「コーヒーCMの歴史」という企画を提案するではありませんか。

「ちょっといろいろ調べてきます」と言って彼女はその日は帰ったのですが、数日後、なんと彼女は他社の銘柄も含め、過去10年間の缶コーヒーのCM内容をすべてエクセルの表にまとめ、「○○時代」などと各年の特徴をまとめてきたのです。

結局その線で１ページの企画は作れたわけで、しかもその表もほぼそのまま使用しました。ただし、紹介した全CMや写真の中では彼女の担当商品を最も大きく紹介。これは何を意味するでしょうか。

"広報担当者はメディアと一緒になって企画を立てる存在であれ"

冒頭ではメディアの方が強いことが多い、とは書いたものの、本質的には対等でなくてはなりません。情報提供する側、情報収集する側がお互いに協力し合い、企画というものは作っていきたい。だからこそ、上司や営業担当者による「ウチの言いたいことが全部書かれていない！」とか「他社商品が出ている！」といった広報マインドの低さに屈してはならないのです。

第 2 章

ニュースリリースの書き方・配信方法

リリースの基本書式を身に付けよう

● A4サイズ1枚が原則

　第2章では、広報を行う際、最も基本的な道具である「ニュースリリース」の作り方を解説していきます。

　ニュースリリースは、情報を1〜3枚程度の紙にまとめてマスコミに配信するもので、たくさんのメディアに取り上げてもらえれば、少ない費用で時には数千万から億単位の効果を弾き出します。リリースの出来次第で記事になる確率も左右されるので、良いリリースの作り方をマスターすることは非常に重要です。

　まず初めにつかんでいただきたいのは、リリースの基本書式です。リリースの2大原則は「A4サイズ1枚」、「1リリース1テーマ」です。メディアの記者は多忙な人が多いので、あまり枚数が多いと、それだけで読む気が失せてしまいます。書ききれない場合は多少オーバーするのはやむを得ませんが、それでも2〜3枚が限度です。

　また1つのリリースに2つ以上の訴求要素を入れると焦点がボヤけてしまいます。何をアピールしたいのかが伝わらなくなっては元も子もないので、あれもこれもと欲張らずに、1回のリリースで1テーマを守ってください。入れ込みすぎないことがニュースリリースには肝心です。

◯ ベースとなるのは5つの構成要素

次に記載する内容ですが、リリースは①レターヘッド、②タイトル、③リード、④本文、⑤連絡先の5つの構成要素から成り立っています。

①レターヘッドは企業名や商品名などをデザイン化したもので作ります。中小企業では用意していないこともありますが、リリースの顔となる部分です。きちんと毎回定形化し、受け取った相手が「あ、あの会社だな」と見てすぐ分かるようにしましょう。

②タイトルはリリースの命とも言うべきもので、記者に興味を持ってもらえるかどうかはこのタイトルにかかっています。読み手に最も刺さるコピーワークをするとともに、文字を大きくしたり太くしたりして目立たせることが大事です。

● **リリースの基本書式**

- **A4サイズ1枚**
- **1リリース1テーマ**

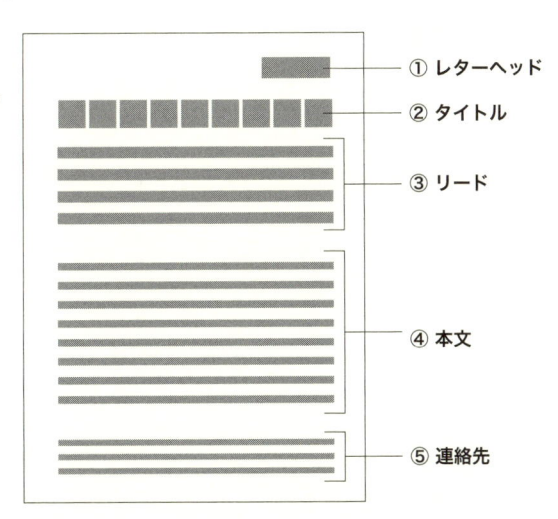

① レターヘッド
② タイトル
③ リード
④ 本文
⑤ 連絡先

③リードはこのリリースで伝えたいことを2〜3行で要約します。忙しい記者は本文まで読まず、リードだけで内容を把握しようとするので、簡潔に中身を伝える文章が必要です。ニュース解説者の池上彰さんは、講演を行う際に冒頭で「今日は90分あるので、70分お話しし、残り20分間質疑応答の時間を作ります」というように、必ず全体像を説明するそうです。そうすると来場者たちは、話の何合目くらいかが常に分かって安心するそうで、リードにも同じことが言えます。

　④の本文もスペースが限られているので、ポイントのみを書きましょう。長々と文章で書こうとせず、箇条書きに写真やグラフなどのビジュアルを付けるくらいの簡潔さが望ましいです。取材余地をあえて残すのも、記者を取材に誘導するテクニックなのです。注目してほしい文言は、太字や下線で目立たせましょう。ごく初歩的な技術のようですが、案外、リリースに取り入れている企業は少ないようです。もし1枚を超えて付け加えたい内容があれば、2〜3枚目に添付資料として付け加えましょう。

　⑤連絡先はリリースを読んで関心を持ってくれたメディアが、私たちにアクセスするための基本情報です。必須事項は①企業名、②部署名、③担当者名、④TEL、⑤FAX、⑥企業所在地、⑦HPアドレスです。担当者名が入っていないせいで、会社の中をたらい回しにされたら、それだけでかなり悪印象です。これらにプラスして、⑧担当者のメールアドレス、⑨携帯電話の番号も入れると、いつでも対応してくれそうだと、信頼感を与えることができるでしょう。

◯ リリースを向上させるレイアウトと校正

　こうして一通り、リリースに入れたい要素を盛り込んだら、一歩離れてそのリリースを眺めてみましょう。そのリリースは、１枚の書類として見たときに美しいでしょうか？　何だか全体的にベタッとした印象を受けるなら、文字の級数（サイズ）が全部同じではありませんか？　その場合は、重要な個所は大きさや太さを変えてメリハリを付けましょう。そして何と言っても「余白が大切」です。セールスポイントをギュウギュウと詰め込みたくなるのは分かりますが、ギッシリした書類は読む意欲を削ぎます。

　最後に文字や文章がおかしくないか「校正」をしましょう。声に出して音読すると、思いがけず助詞が1字抜けていることに気付いたりします。2〜3日時間を置いて、寝かせてから読み直すのも有効です。頭が冷静になって、「この数字は本当に正しいか？」などと自分に問い直す余裕が出てきます。専門用語や不必要な外来語の使い過ぎに気付くこともあります。難解だと感じたら、注釈を付けたり、分かりやすい言葉に置き換えましょう。ある先進的な広報を展開している企業では、その言葉が有効かどうかは、『日本経済新聞』を基準にしていると話していました。

　そうして自身で客観的に読み直しつつ、他者にも見てもらいましょう。自分を含めて最低3人はチェックが必要です。漢字や送り仮名のミスは、本人の思い込みで使っているケースが多いので、同じ人が何度読んでも間違いには気付けません。それが他者の目が入ることで改善されるのです。

コンテンツ整理シートを作ろう

〇 やっぱり大切な5W1H

　リリースの基本書式を理解したら、次は自社の発信したい案件について情報を整理することが必要です。この際に役に立つのが「コンテンツ整理シート」です。

　まず初めに最上部の「タイトル」に、広報する案件（商品やイベントなどの名称）を入れたら、次にシート中央部にある「5W1H」のコーナーを埋めていきます。記者がそれを基に記事を書くので、

● コンテンツ整理シート

作成日　　．　．　　担当者

タイトル	
ターゲットメディア	
目標(取材獲得数、掲載数など)	
商品の発売日(イベント実施日など)	
リリース配信予定日	
配信方法	
5W1H	
WHO　誰が	
WHAT　何を	■より具体的に・・・
WHEN　いつ	
WHERE　どこで	
WHY　なぜ	
HOW　どのように	
ビジュアル	
タイトル案	
A案	
B案	
備考	

5W1Hがはっきりしていなければいけません。

「WHO」（誰が）は主に「弊社が」ということになりますが、中にはイベントにゲストを招いて「〇〇さんが」というケースもあります。「WHEN」（いつ）は発売日やイベントの開催日などが入ります。「WHERE」（どこで）は商品発売なら全国区なのか地域限定なのか、イベントなら会場名などが入ります。

「HOW」（どのように）は小売店で販売することもあるでしょうし、自社店舗のみ限定とか、ネット通販を実施する場合もあります。

文字だけではインパクトに欠けるので「ビジュアル要素」は極力入れましょう。写真はどんな素材が入れられるのか、広報するのに有効な表やグラフはあるのかを、開発部と相談しながら確認していきます。まだ素材が無い場合は、いつまでに用意してもらえるかを聞いてメモしておきます。

◉ 鍵を握るのは「WHAT」と「WHY」

さてここで、あえて後回しにしたのが「WHAT」（何を）と「WHY」（なぜ）です。リリースを作る際に特に厚めに書くべきなのは、この「WHAT」と「WHY」の2項目です。

「WHAT」は当然、商品やイベントそのものですが、それぞれの案件にはたくさんの「訴求ポイント」があるはずです。コンパクトで持ち運びに便利だとか、長持ちするとか、アメリカで人気だったフレーバーが日本初上陸だとか、その商品のどこを前面に押し出すべきかというセールスポイントを思いつく限り挙げて、「より具体的に」の欄に書き込んでおきましょう。リリースを書く際は、その

中から特に重要なポイントを選んで採用していきます。

「WHY」は、どうしてその商品を発売することになったか、イベントを開催することになったかという理由を書きます。「近年の南アジアブームを受けて」、「スマートフォンに対応するため」とか「食料自給率アップに貢献するため」、「環境に配慮した商品を求める声に応えて」など、商品やイベントを企画するには当然、何かしらの理由があります。多くの場合は「時流」に関連した理由ですが、この理由に「納得感」があればあるほど、記者も興味を抱いて、記事にしてくれます。

リリースを書くときには、「WHAT」と「WHY」について厚く書き込むように意識しましょう。

◯ 実務的な事柄をまとめる

こうして5W1Hを書き込むうちに、広報担当者にはその商品特性がよく把握できたはずです。今度はそれを踏まえて、コンテンツ整理シート前半部の実務的な事柄を書き込みましょう。

最初の「ターゲットメディア」は、テレビ・新聞・雑誌・ネットなど、どのジャンルをメーンで狙っていくのか。全国を網羅的に狙うのか、地域を限定してピンポイントで狙うのか。具体的に思い浮かぶ番組のコーナー名や、雑誌名なども書いておきましょう。これは、その商品が男女どちらの、どんな年齢層を最大のターゲット購買者としているのかによっておのずと決まってきます。

「目標」は、いくつのメディアに取り上げてもらいたいかという数字です。これは最初のうちは見当もつかないかもしれませんが、

目標を設定しておくことは大切なことです。自分が設定した目標に届かなかったら、何が悪かったのかを考えて「次こそはクリアしよう」と発奮材料になります。もし目標を超えたならば、何が良かったのかを分析し、次回以降のリリースでも踏襲していくようにします。このようにして目標と評価を繰り返すことにより、リリースの精度を上げていくことができるのです。

「配信予定日」と「配信方法」は、章の後半で詳しく説明しますが、主に「ターゲットメディア」を何にするかで決まってきます。

◯ タイトル案には渾身の力を込めて

最後に最下段の「タイトル案」を書き入れます。このときに参考になるのが、先述した「WHAT」と「WHY」です。そのキーワードを中心に、最低2案は考えて下さい。なぜかといえば、この部分に関してはA案がいいけど、あの部分はB案がいいというように、比較するものがあることで見えてくるものが必ずあるからです。

ここで、すぐに応用できる有効なテクニックを特別にお教えしましょう。それは「具体的な数字」、「時事的な気になるキーワード」を入れ込むことです。例えば「売れ行きが◯万枚突破！」などと書かれていると、読んだ側も具体的にそのすごさを受け取りやすいでしょう。また「不況時代にぴったりのエコノミー価格！」と書かれていれば、思わず手を止めるのではないでしょうか。近年はAKB48にあやかって頭文字3文字を並べる略語もよく見掛け、ちょっと苦笑いしつつも、ついつい見てしまいます。ネット全盛の現代は、ネット上にリリースがそのまま掲載される機会も増えているので、

「カワイイ」などの検索されやすいキーワードを意識的に盛り込んでおくと、アクセスされるチャンスが高まります。

最後に「備考」欄があります。付加価値のある情報を参考資料として添付する場合などに記入します。

テーマ別の書き方を学ぼう

◎ 1. 新商品リリース

　リリースで扱うニュースにはさまざまなジャンルがありますが、ここからはその代表的なもの＝多くの企業で作る機会が多そうな6テーマをピックアップして、実際に配信されたリリースの例を見ながら書き方を伝授していきましょう。

　1番目は、リリースの中で最も多い「新商品リリース」で、すべての企業に縁のある基本中の基本リリースといえましょう。

　次のページに掲載したのは、かつて人気を博した横濱カレーミュージアムの例です。このときは「カレーパンにしか見えないシュークリーム」という実にユニークな新商品を売り出しました。このリリースのポイント1は、「タイトルに商品名が入っていること」です。そんなこと当たり前じゃないかと思われるかもしれませんが、「カレーパンにしか見えないシュークリーム」という面白い商品名がまず目に入るから、受け取ったメディアの記者も、中身を読んでみようという気になります。これが、もしつまらない商品名だったら、

第2章　ニュースリリースの書き方・配信方法

● 新商品リリース例

> 報道関係者各位　　　　　　　　　　　　　　　20××年2月1日
> **NEWS RELEASE**
>
> **ご当地グルメ特区**
> produced by 横濱カレーミュージアム
>
> 30分で売り切れる幻のスイーツ「カレーにしか見えないケーキ」に引き続き第2弾!!
> **「カレーパンにしか見えないシュークリーム」を**
> 「プチヴェール」春の新作ケーキ4種を3月23日（木）発売！
>
> JR関内駅前の美味しく遊ぶ世界で唯一のカレーのテーマパーク「横濱カレーミュージアム」内に設置した「ご当地グルメ特区」（経営 株式会社マタハリー／代表取締役社長：山中秀晃）では、現在開催中の「ケーキJapan Cup in 横浜」に出店している「プチヴェール」から、3月23日（木）に春の新作ケーキを発売いたします。
>
> 横浜で最も有名なホテルである"ホテルニューグランド"の元トップパティシエ、山本延行氏がオーナーパティシエを務める「プチヴェール」は、本年1月から「ケーキJapan Cup in 横浜」の横浜代表として出店しています。横浜ルーローなど無類のオリジナルのケーキは人気が高く、大好評を博しております。特に「カレーにしか見えないパティシエのケーキ」は、連日開店30分で売り切れ、ケーキ通の間では"幻のケーキ"と言われるまでになっています。
> 今回、要望の高かったオリジナルケーキを開発しました。「カレーにしか見えない」シリーズ第2弾として「カレーパンにしか見えないシュークリーム」を発売します。
>
> 商品概要
> 【メニュー内容】「プチヴェール」春の新作ケーキ
>
> | | 商品名 | 価格 |
> |---|---|---|
> | 1 | カレーパンにしか見えないシュークリーム | 400円 |
> | | カレーミュージアムオリジナルケーキ。どこから見てもカレーパンにしか見えないが、食べると極上のシュークリーム。生クリームとカスタードクリームをふんだんに使ったシュークリームのまわりをバターで茶色に色付けしたサクサクのスポンジケーキが付いている。スポンジケーキのサクサク感とシュー生地、ラム酒風味のカスタードクリームを楽しむ、カレーミュージアムでしか食べられない新しいタイプのシュークリーム。 | |
>
> 【販売　日】3月23日（木）
> 【販売店舗】8F プチヴェール
>
> 「ご当地グルメ特区」・・・
> 「ご当地グルメ特区」とは横濱カレーミュージアム内に2006年から開設する、日本全国のおいしい名品を紹介するコーナーです。横浜でご当地グルメを紹介する初めての施設です。
> 第一弾として、日本全国の有名ケーキ店による代表100品以上を集めた「ケーキJapan Cup in 横浜」を1月から開催しています。連日大盛況で、1日に1000個を越えるケーキの販売数を記録しています。
>
> 本件に関するお問い合わせ先

　記者はそこでゴミ箱にポイしてしまうかもしれません。逆説的にいえば、それほど商品名は大切で、企画の段階から何かしら人の気を引くネーミングを心掛けるべきだということです。

　ポイント2は「発売日を入れること」です。これも当たり前に見えて、世の中で発信されているリリースには日付が記載されていないものが多く見られます。ニュースですので、日付はタイトルに必ず入れましょう。日付がきちんと決まっていれば、何号までに掲載すればいいんだなと記者もメドが立ち、スペースを確保しやすい分、

掲載確率も上がります。

　ポイント3は「写真ビジュアルを入れること」。商品名と同じで、ビジュアルにインパクトがあれば記者の掲載意欲は増しますし、紙面にこういう写真を使えるんだな、と想定することができます。特にこの商品の場合、「カレーパンにしか見えない」ことを売りにしているのに、その見た目が載っていないのでは意味がありません。受け取った側としては興味半減もいいところです。

　パッケージだけでなく、食品なら調理例、家電なら使っているところなど、より受け手が興味の持てるビジュアルを選ぶことも重要です。パッケージと、使用している場面両方の写真を広報が用意したところ、メディアから後者ばかり希望されたという話もあります。たいていどの商品でも、パンフレットなど販促物用の写真を撮影するタイミングがあるので、その機会に立ち会い、広報用のカットも撮影してもらいましょう。そうした他部署との連携が、広報には重要なのです。

◯ 2. イベント・キャンペーンリリース

　続いてのリリースは、「イベント・キャンペーンリリース」です。商品の販促をするためには、さまざまなイベントやキャンペーンを行います。ある会場を使って展示即売会を行うこともあれば、商品のバーコードを集めて申し込めばプレゼントが当たるというようなものもあります。流通業、メーカー、遊興施設など、やはり、さまざまな業種が作る機会があるリリースです。

　ポイント1は、まず「開催期間をタイトルに大きく入れること」

● イベント・キャンペーンリリース例

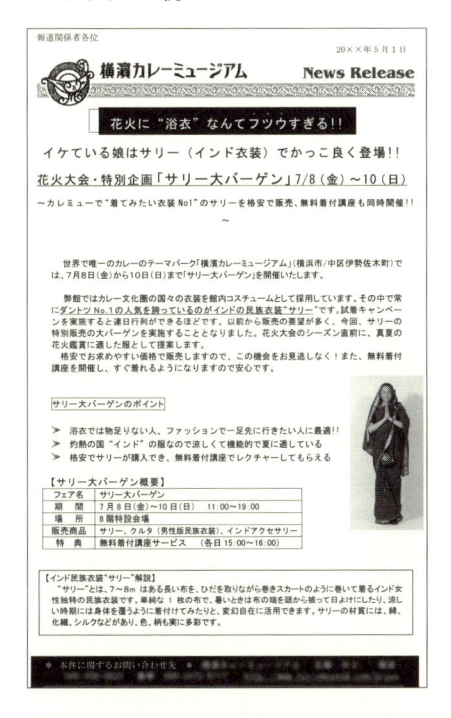

です。新商品リリースでは極力発売日を入れようと書きましたが、こちらの重要度はさらに上です。新商品なら、たとえ発売日が過ぎてもニュースになる可能性はありますが、イベントの開催期間が過ぎてしまったら、もう取り返しはつきません。

ポイント2の「ビジュアル」を入れることも、新商品リリースと共通です。例に挙げたのは横濱カレーミュージアムで「サリー大バーゲン」を開催したときのものですが、この写真はイベントの内容が楽しそうでイメージしやすいと好評でした。普通に考えれば、イ

ベントは実際に行わないと素材写真が撮れませんが、ここが広報の工夫のしどころです。事前に社員をモデルにして写真を撮るなど、何かしらのビジュアルを用意しましょう。

　そしてポイント3が大切です。「イベントの開催意義を強くアピールすること」。例えばインドの民族衣装・サリーを、何の理由も無くバーゲンしたとして、メディアは注目するでしょうか？　まあ、目新しさに関心を示す人はいるかもしれませんが、「面白そうだな」で終わってしまうのではないでしょうか。けれど「カレーミュージアムで使用されているコスチュームの中でダントツの人気があり」、「試着イベントも好評」と読めば、「新しい波が来ているのかも」と興味がわきます。何しろメディア関係者は、世間の関心を先取りして紹介することが使命なのです。また7月の初旬に開催するのは、「来る夏を涼しく過ごせるアイテムであること」、さらに「花火見物の浴衣の代わりにお薦めであること」など、読み手になるほどなと思わせる理由を挙げています。別に、無理やり理由を後付けする必要はありません。なぜ今、このイベントを行うのか。そこには必ず理由があるはずなので、それを強くうたえばいいのです。

● 3. イベント誘致リリース

　「イベント誘致リリース」は、前のジャンルに名前は似ていますが、消費者向けのイベントではなく、メディアの記者向けに開催するイベント、すなわち記者発表などのリリースです。最大の目的は記者に来場してもらって、取材をしてもらうことにあります。この参考例には、横濱カレーミュージアムで開催した「地ビールプレスセミ

第2章　ニュースリリースの書き方・配信方法

● **イベント誘致リリース例**

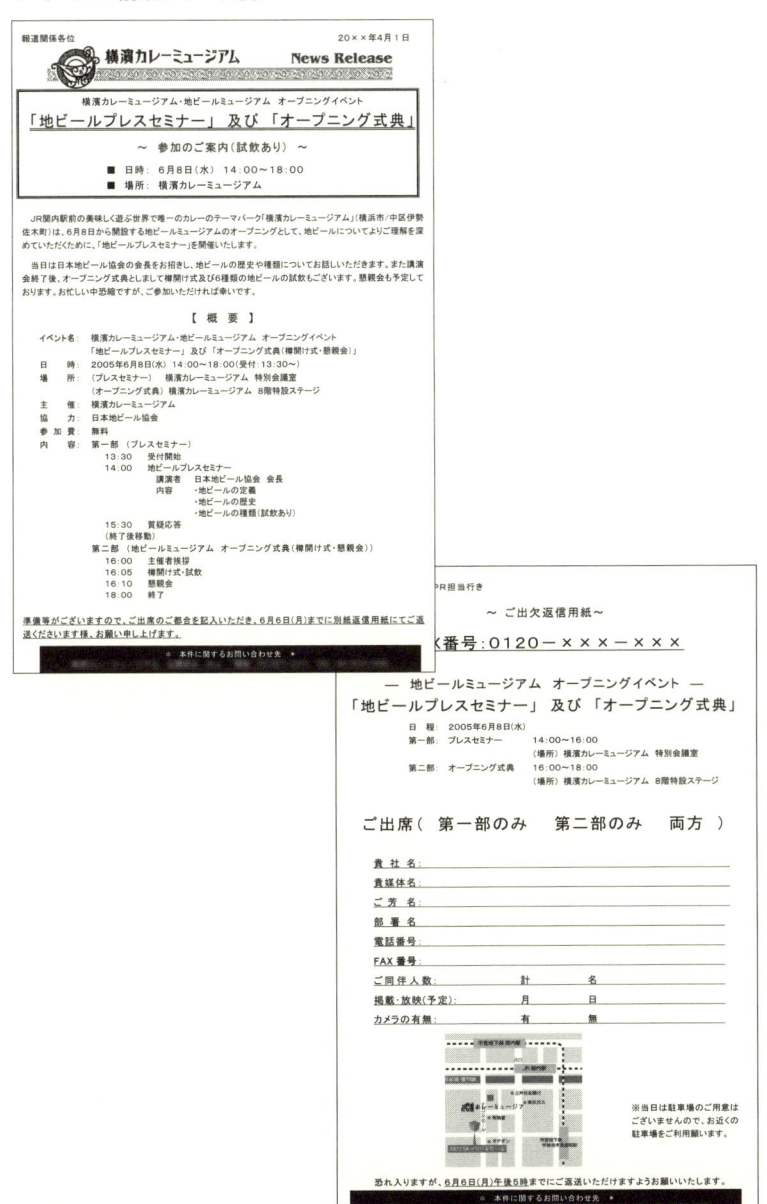

報道関係各位　　　　　　　　　　　　　　　　　　　　20××年4月1日

横濱カレーミュージアム　　　　　　　　　**News Release**

横濱カレーミュージアム・地ビールミュージアム　オープニングイベント
「地ビールプレスセミナー」及び「オープニング式典」
～ 参加のご案内（試飲あり）～

■ 日時：6月8日（水）14:00～18:00
■ 場所：横濱カレーミュージアム

JR関内駅前の美味しく遊ぶ世界で唯一のカレーのテーマパーク「横濱カレーミュージアム」（横浜市/中区伊勢佐木町）は、6月8日から開館する地ビールミュージアムのオープニングとして、地ビールについてよりご理解を深めていただくために、「地ビールプレスセミナー」を開催いたします。
当日は日本地ビール協会の会長をお招きし、地ビールの歴史や種類についてお話しいただきます。また講演会終了後、オープニング式典としまして樽開け式及び6種類の地ビールの試飲もございます。懇親会も予定しております。お忙しい中恐縮ですが、ご参加いただければ幸いです。

【　概　要　】

イベント名： 横濱カレーミュージアム・地ビールミュージアム　オープニングイベント
　　　　　　「地ビールプレスセミナー」及び「オープニング式典（樽開け式・懇親会）」
日　時： 2005年6月8日（水）14:00～18:00（受付13:30～）
場　所： （プレスセミナー）　横濱カレーミュージアム　特別会議室
　　　　（オープニング式典）横濱カレーミュージアム　8階特設ステージ
主　催： 横濱カレーミュージアム
協　力： 日本地ビール協会
参加費： 無料
内　容： 第一部（プレスセミナー）
　　　　13:30　受付開始
　　　　14:00　地ビールプレスセミナー
　　　　　　　　講演者● 日本地ビール協会 会長
　　　　　　　　内　容● ・地ビールの定義
　　　　　　　　　　　　・地ビールの歴史
　　　　　　　　　　　　・地ビールの種類（試飲あり）
　　　　15:30　質疑応答
　　　　（終了後移動）
　　　　第二部（地ビールミュージアム　オープニング式典（樽開け式・懇親会））
　　　　16:00　主催者挨拶
　　　　16:05　樽開け式・試飲
　　　　16:10　懇親会
　　　　18:00　終了

準備等がございますので、ご出席のご都合を記入の上、6月6日（月）までに別紙返信用紙にてご返送くださいます様、お願い申し上げます。

＊本件に関するお問い合わせ先＊

――――――――――――――――――――――

PR担当行き

～ ご出欠返信用紙 ～

FAX番号：0120-×××-×××

― 地ビールミュージアム　オープニングイベント ―
「地ビールプレスセミナー」及び「オープニング式典」

日　程： 2005年6月8日（水）
第一部： プレスセミナー　　14:00～16:00
　　　　（場所）横濱カレーミュージアム　特別会議室
第二部： オープニング式典　16:00～18:00
　　　　（場所）横濱カレーミュージアム　8階特設ステージ

ご出席（　第一部のみ　　第二部のみ　　両方　）

貴 社 名：＿＿＿＿＿＿＿＿＿＿＿＿＿＿＿＿＿＿＿
貴媒体名：＿＿＿＿＿＿＿＿＿＿＿＿＿＿＿＿＿＿＿
ご 芳 名：＿＿＿＿＿＿＿＿＿＿＿＿＿＿＿＿＿＿＿
部 署 名：＿＿＿＿＿＿＿＿＿＿＿＿＿＿＿＿＿＿＿
電話番号：＿＿＿＿＿＿＿＿＿＿＿＿＿＿＿＿＿＿＿
FAX番号：＿＿＿＿＿＿＿＿＿＿＿＿＿＿＿＿＿＿＿
ご同伴人数：　　　　計　　　　名
掲載・放映（予定）：　　月　　　日
カメラの有無：　　　有　　　　無

※当日は駐車場のご用意はございませんので、お近くの駐車場をご利用願います。

恐れ入りますが、6月6日（月）午後5時までにご返送いただけますようお願いいたします。

＊本件に関するお問い合わせ先＊

ナー」および「オープニング式典」のリリースをお見せします。

　ポイント1は、「開催概要をすべてタイトルの中に簡潔に入れ込むこと」で、要素は①イベントの名前、②日時、③会場です。とにかく記者に来てもらいたいので、予定を確保してもらうことが最重要命題。そのままスケジュール帳に書き写せるよう、3大要素をまとめておくのです。飲食関連のイベントなら付き物の、試飲や試食がある場合は、それもしっかり入れておきましょう。食べ物や飲み物の、人を呼び込む威力は侮れません。

　「詳細を本文できちんと示す」のがポイント2です。例えばこの日は14〜18時の4時間と、この手のイベントとしては時間が長めでした。それだけ目にすると行くのをためらう記者もいますが、タイムスケジュールが詳細に書いてあれば、「プレスセミナーは無理だけどオープニング式典だけなら行けそうだ」とか、計算ができます。

　また「樽開け式」や「専門家の講演」など、画になりそうな式目がいくつかあることも読み取れます。記者にとっては、そのイベントを取材してどんな画（写真）が撮れるかが重要です。撮影できるのが地ビールだけなのか、専門家も撮影できて写真にバリエーションを持たせられるのかでも、記事構成は大きく変わってきます。前の「イベント・キャンペーンリリース」では、事前でも工夫してビジュアルを用意するよう書きましたが、さすがに記者発表などは、実際に開催しなければビジュアルは用意できません。そんなときに、事前ビジュアルは無いけれど、こんな写真が撮れそうだなと、記者に想像させてあげることが肝要なのです。

　そして、極力1枚に収めるのが鉄則のリリースにおいて、この「イ

ベント誘致リリース」は例外です。2枚目に出欠の連絡をする返信用紙を付けましょう。これが集まれば、当日資料や商品（ここでは地ビール）をどのくらい用意したらいいか見当がつけられます。テレビが取材に入るときはカメラのケーブルを誘導したり、1社に1人対応者が必要ですし、適切な人員配置をするためにも出欠席の確認は重要です。そうした実務的な面もありますが、正直なところ、この返信用紙が無いと、当日幕を開けてみるまでどのくらいの記者に来てもらえるかが分からず、広報担当者は不安な時間を過ごさねばなりません。でもこれがあれば、○人は来てくれるだろうと安心できますし、返信数が芳しくないときには、まだ返事の来ていないメディアに電話で根回しすることもできます。ファクス番号と同様に締め切り日も太字で強調するといいでしょう。

　ところで余談ですが、なぜカレーミュージアムで地ビールなのかというと、カレービールという商品がヒットした前段があり、カレーとビールは意外と合うという意見が当時盛り上がっていました。ちょうど地ビールも脚光を浴び始めたころだったので、そちらが好きな人にも足を運んでもらえれば相乗効果になると考えたのです。イベント自体も、やはり地ビールに関心の高いメディアは多く、食品関連の業界紙なども含め、約30社が参加して盛況でした。

● 4. 達成リリース

　4番目のジャンルは「達成リリース」と呼ばれるもので、事後報告だから別称で「後パブ」ともいいます。

　通常、商品は新発売のとき、施設は新規オープンのときなど、最

初しかニュースリリースのネタにならないと思い込みがちですが、そうではありません。売上個数や来場者数がある特定の数を突破したときなどにも、ネタになります。

例えばここで紹介しているのは、横濱カレーミュージアムが、開館から4年2カ月で入場者数600万人を突破したというリリースです。このタイプのリリースは、いつも多くのメディアに取り上げられました。読者や視聴者にも、こんなに支持されている⇒だからあなたも体験してみよう、というメッセージをインプットできます。

ポイント1は、タイトルでまず「600万人達成」と大きくうたっていますが、達成リリースでは「数字を打ち出すこと」が重要です。

● 達成リリース例

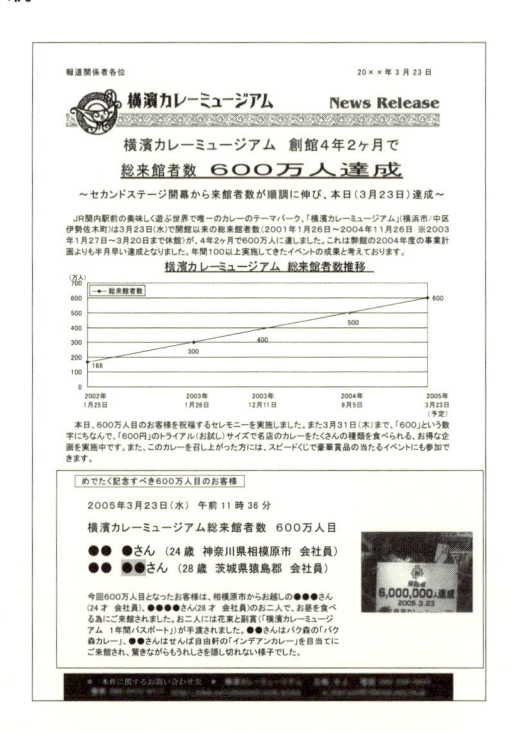

もし前年を上回ったのなら「前年比117%」など、具体的な数字を付ければいいでしょう。

ポイント2は総来場者数の推移をグラフで掲載しています。これも「順調に伸びてきた」などと文章で語るよりも、好調さをより雄弁に物語ってくれます。

ポイント3は、できれば「達成したときのリアルな情報と写真」があると、なお記事は書きやすくなります。〇万人突破などではよく、それに該当するお客さまに記念品を渡して、コメントを取材したりします。人が花束などを受け取っているシーンは画になりますし、いいコメントが取れれば素材になります。

また達成リリースは、なぜ達成できたのかの理由付けが大切です。このリリースでも事業計画より半月早く達成できたのは、年間に100ものイベントを開催してきたことが理由であろうと説明しています。経済記者が記事にするには、この納得感が必要なのです。なぜだか分からないけれど達成しました、では記事になりません。

このリリースは3月23日に達成し、その日のうちにもう配信しています。1カ月も前に達成したことをリリースされてもメディアとしては取り上げようがないわけで、配信はスピードが命です。前々から予想を立てて準備して、その時が来たら速やかに作業することが求められます。

また通常の達成リリースならここで終わりですが、その後に予定している600円のトライアルサイズなどのイベントにも触れています。達成した際には付随したイベントを行うと、その実施日まで掲載できる期間も延び、より掲載機会が増えます。

◯ 5. 調査リリース

続いて取り上げるのは、自社が調査したデータをまとめてリリースにする「調査リリース」です。旅行会社のJTBが配信したリリースを例に解説します。

例年、ゴールデンウイークや夏休みの前になると新聞やテレビで「今年、海外旅行に出掛ける人数は……」という恒例の報道がありますが、そのネタ元になっているのがJTBの調査リリースです。景気を分かりやすく示す指標にもなり、メディア関係者の間では非常に重宝されています。

● 調査リリース例

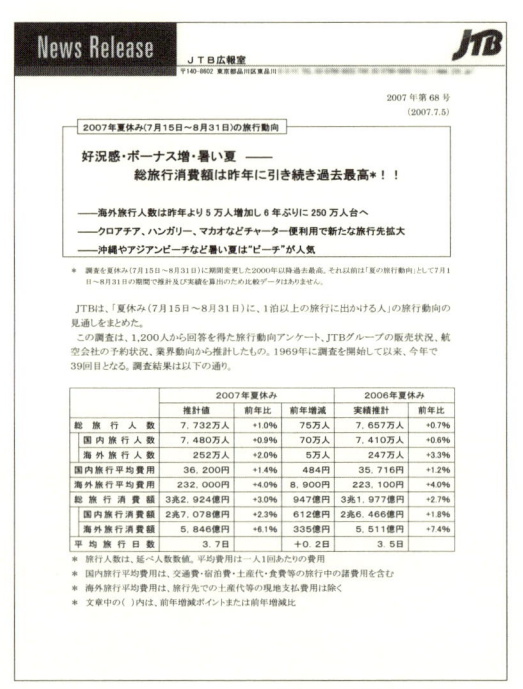

資料提供：(株)ジェイティービー

ポイント1は、内容を端的に把握しやすいよう「3段構成になっていること」です。調査リリースの特徴として枚数が多くなる傾向があり、このリリースも全部で8枚とボリュームがあります。

　ですので1枚目はサマリーとし、要点は「総旅行消費額が過去最高」とタイトルで示し、次に3つのサブトピックをまとめ、手にした記者が15秒でポイントを把握できるようにしています。さらに興味のある記者は次の解説文3枚を読み、詳細な数値が必要なメディアのために4枚のデータが付いています。これがもし、8枚一続きになっていて、頭から終わりまで読まなければ理解できないのでは敬遠されてしまいます。

　ポイント2は「内容はデータ中心で客観的にまとめること」。推測や主観は無しで、現象や因果関係の明確な事柄のみが書かれています。景気が悪かったり、海外の治安が悪化していて旅行者が少ないときも良いデータだけを伝えたりせず、きちんと悪い結果も伝えます。もし作為的な情報を配信して、それを元に間違った記事が書かれてしまったら、メディアも配信した企業も双方信頼を失います。

　ポイント3は「自社の利益だけを求めずに、業界全体を包括した内容にすること」で、これが調査リリース最大の特徴です。この旅行動向調査も、出したからといって、直接自社の売上に結び付くものではありません。ではなぜ配信するのかといえば、これで旅行業界が活性化すれば、ひいては自社にも跳ね返ってきたり、企業のイメージアップや信用力アップにつながるからです。JTBも無理に自社のツアー商品を盛り込んだりしようとしていませんが、その余裕が好感度につながっており、「懐の深いリリース」と称することが

できます。企業は自社の営業のためにさまざまなリサーチを行っていますが、それを社会的関心と結び付ければ有効な調査リリースになるので、寝かせておかずに有効に活用していきましょう。

　JTBはこの調査を1969年から行っており、メディア側から「今年もそろそろですか？」と問い合わせがあるほどだとか。配信した数に対し、半数以上のメディアに取り上げられるという驚異の掲載率を誇り、このリリースは間違いなくJTBの知名度を高めています。

● 6. 共同リリース

　最後に解説するのは、2つの企業が行う共同事業を広報する「共同リリース」です。

　企業間コラボレートがブームの現在、共同リリースを検討する機会も増えていますが、いざ作るとなっても、リリースには個々の企業で流儀があります。細かな形式から、タイトルの付け方、言葉遣い、文章のトーンに至るまで、両社ですり合わせをして調整するのはかなりの時間と体力が必要なので、通常のリリース以上の準備期間を用意した方がいいでしょう。

　共同リリースにはパターン1＜同一リリース＞、パターン2＜一部共通リリース＞、パターン3＜別々リリース＞の3種類があります。パターン1はまったく同じリリースを両社が配信するもので、企業名の順番など非常に交渉ごとが多いです。パターン2は一部の内容を両社で統一しておき、そのほかは、企業によって自由に作成するものです。本文のみ共通で、タイトル、リード、連絡先などは各社のものを入れることが多いです。パターン3は同じ企画につい

て、それぞれの企業がそれぞれの立場や切り口でリリースを作成して配信します。ポイント1は、これら3パターンの「どの方法で配信するかをまず決めること」です。

　パターン3が、最も進めやすいでしょう。パターン1は交渉や調整が大変ですし、文章を直すうちにお互いに何が言いたいのか分からなくなってしまうことすらあります。その点パターン3は各社の要点が不満なく盛り込め、相乗効果も得られます。ただし両社間で商品名やイベント名を統一するのはもちろん、写真やグラフはどれを使うか（使わないか）、目標数値やコラボの意義など、「コンセンサスを図っておくこと」が必要です。これがポイント2です。

　ポイント3は「配信先のすみ分け」です。例えば食品メーカーとアミューズメント施設のような異業種コラボであれば、同じ新聞に配信してもそれぞれ「製品」「施設」と担当が違うわけで、ダブる心配はありません。受け手が一番嫌がるのは同じリリースが2通届いて混乱することなので、たとえ面倒でも両社のリストを突き合わせて、ダブリをなくすのがベストです。または「うちはテレビに強い」など得意メディアがある場合は、「新聞はA社、雑誌はB社」などゾーン分けをする方法もあります。配信方法は、片方がファクスで片方が郵送というのはタイミングが異なってしまうので、同じ方法で、同じ日時に双方から配信しましょう。それぞれが所属する団体の記者クラブにも同じタイミングで持参します。

　そして大事なのは配信後の取材ルールです。想定問答集を用意しておくほかに、どちらが主体として取材を受けるのか、相手先の企業についてはどこまで答えるのかなども決めておきましょう。取材

するうちに記者が、もう一方の企業にも話を聞きたくなるのはよくあることです。でも相手が9〜17時しか広報に電話がつながらない場合、この案件に関してだけは特例にしてもらうのか、緊急の連絡網はどうするのかなども確認が必要です。取材の受付状況も報告し合いましょう。「こんな質問をされて答えに困った」という情報はぜひ共有したいですし、互いが取材を受けているメディアが把握できれば「男性誌が少ないのでもっと攻めてみましょうか」などの相談もできます。始まりから終わりまで、両社の歩み寄りが必要なのが共同リリースなのです。

　大変そうなことばかり書きましたが、うまく機能すれば2倍どころか3倍、4倍に効果があるのが共同リリースです。かかわる企業が2社になることで社会性や影響性が著しく増しますし、互いのネームバリューも上がりますから、挑戦しがいがあるというものです。

配信のコツを知ろう

◉ 配信先はどうやって選ぶ？

　ここからは出来上がったリリースを配信する作業について説明します。考える必要があるのは「どんなメディアに」、「いつ」、「どのような方法で」配信するのかという3つの事柄です。

　「どんなメディアに」配信するかは、コンテンツ整理シートで記入したように、この案件のターゲット（購買層）が接触しそうなメ

ディアをピックアップして、次のページのようなリストにまとめます。各社に聞いてみると、100〜150件のメディアに配信している企業が多く、中には600や800といった膨大な数を送っている企業もあります。けれどリリースは配信して終わりではありません。その後の問い合わせや取材申し込みに応じていくのが仕事の本番なのです。最初から欲張っても、対応しきれるものではないので、30社くらいから始めて、徐々に増やしていくのがいいでしょう。

　リストアップに大切なのは想像力です。例えばあなたの会社が食品メーカーだったとして、新商品を発売したらどこに向けてリリースを配信しますか？　まず一般消費者に知ってもらうことが大切なので、全国ネットのテレビや購読者の多い新聞の全国紙を目指すでしょう。大メディアだからといって臆(おく)することはありません。そういうところには、それこそ毎日山のようにリリースが届いているのです。臆している暇があったらどんどん行動に移しましょう。

　雑誌は一番読者が分かれるメディアです。今回アピールしたい商品がお菓子なら、若者向けの情報誌が思い浮かびますし、子ども向けの学習誌も入ります。そしてその子どもに買い与える主婦向けの婦人雑誌もターゲットになるでしょう。また健康雑誌やホビー雑誌など、各ジャンルに細分化された専門誌は、一般誌や情報誌と比べて部数は少なめですが大切にすべきです。専門誌は後になって火がついて、じわじわと効果が出るケースも多いのです。

　もう1つ、見落としがちなのが、買う人と同時に売る人へのアピールも重要だということです。量販店やコンビニエンスストアの仕入れ担当者が目をつけて商品を置いてくれないと、いくら消費者が

● **メディア配信先リスト**

社名 / ビークル	媒体名 / 番組名	部署名	担当者	TEL	FAX	E-mail	住所
新聞							
読売新聞							
朝日新聞							
毎日新聞							
産経新聞							
日本経済新聞							
(地元新聞社)							
テレビ							
NHK							
日本テレビ							
TBSテレビ							
フジテレビ							
テレビ朝日							
テレビ東京							
(地元テレビ局)							
雑誌							
ダイヤモンド							
東洋経済							
プレジデント							
日経トレンディ							
DIME							
東京ウォーカー							
ラジオ							
NHK							
ニッポン放送							
TBS ラジオ							
文化放送							
TOKYO FM							
J-WAVE							
フリーペーパー / 業界紙							
リビング新聞							
ぱど							
R25							
東京ヘッドライン							
食品新聞							
日本食糧新聞							
Web 媒体							
J-CAST ニュース							
シブヤ経済新聞							

※代表的な媒体を列挙しました。自社に適した媒体を記入してください。
※雑誌は多くありますので、ビジネス誌と情報誌を例に挙げました。業界紙も多数ありますので、食品分野の例を入れました。

井上岳久著『マスコミが思わず取り上げたくなるPRマル秘戦略』インデックス・コミュニケーションズ刊

関心を持っても彼らの手まで届きません。よって仕入れ担当者が読む経済紙『日本経済新聞』『日経ＭＪ』、専門紙『日本食糧新聞』『フードリサーチ』などに掲載されることも大切なのです。

　メディアリストには媒体名、部署名、担当者、電話番号など、必要な情報を書き込んでいきます。近年はどこの媒体もホームページを用意しているので、送り先だけならそこを見れば分かるはずで

す。新商品や新サービスを発表する場合には、新聞社なら編集局の「経済部デスク」が宛先としては適当でしょう。地方紙やテレビ局などでは「報道部」という大きなくくりをしているところが多いので、「報道部経済ご担当」「報道部新商品情報ご担当」となります。適当な部署名が分からない場合は、『マスコミ電話帳』(宣伝会議刊)などで調べて大代表に電話をして、「○○分野の情報を送りたいのですが」と言えば、適切な部署と直通番号を教えてくれます。

● 勝負を左右する配信のタイミング

次は「いつ」配信するかです。月刊誌への露出を考えると新商品発売(ここでは便宜的に新商品発売を想定して話を進めます)の2カ月前が最も適したタイミングです。なぜかと言えば、月刊誌は2カ月前に特集の内容を決め始めるからです。その時点でリリースが届いていれば、それがヒントになって他社の商品と合わせて特集が組まれ、冒頭で大きめにスペースを割いてもらえるかもしれません。

テレビと新聞は反対に、2カ月前だと早過ぎて、デスクの上で埋もれてしまいます。日々、ビビッドな話題を取り上げるのがこれらのメディアの特性なので、該当時期の内容を会議しているであろう、1カ月前から2週間前くらいに送るのが適当です。

また、注意しなくてはいけないのが、情報を早く出したために、競合他社にまねされてしまうことです。たった2カ月間では、似たものを作れないものも多いでしょうが、もともと類似商品を計画していた他社が、自分たちより発売時期を早めることは大いにあり得ます。もしそうした恐れがあるならば、雑誌の特集などを狙うのは

見送って、1カ月前～2週間前の配信だけに絞るのも賢明な選択です。

　広報が勝手にスケジュールを立てても、商品の開発が進んでいなければ話になりません。いつごろ商品のサンプルは出来上がるのか、パッケージはいつごろ決まるのかなど、開発スケジュールと広報スケジュールをうまく調整していくのも重要な任務です。

○ 配信は手渡しが一番！！

　配信で注意したいのは、配信時刻に差をつけず一斉に配信することで、これはプレスリリースの大原則です。配信時刻は、地方自治体や経済団体には記者クラブがあり、各クラブのルールによって必然的に決まってしまうので、それに合わせるのが無難でしょう。一度記者クラブを訪ねて、そのルールを確認してみて下さい。

　配信時刻が決まったら、①記者クラブでの配布、②個別メディアへの持参、③ファクス＆メール、④郵送の順番で作業を行います。この中でベストなのは①②の手渡しです。資料がカラーで渡せますし、何よりじかに口頭で説明できるということは、文書が届くだけより数倍強い印象を残せます。文具やインスタント食品などなら、現物をサンプルとして配れば喜ばれますし、調理器具や玩具などは、実物を持参して、目の前で動かして見せることもでき、そこまですれば、クラブにいた記者が編集部に帰ってから、直接の担当者に話をつないでくれるなど、かなりの効果を挙げることができます。とはいっても回れる数には限界があるので、特に掲載してほしい重点メディアを厳選して回るようにしましょう。

次にファクスですが、すぐに届くのがいいところですし、ほぼタイムラグなく一斉に届くのもリリース配信には適しています。しかも安いので最も多用されますが、モノクロになってしまうので、訴求力には欠けます。メールはファクスと同じ利点があり、しかもカラーで相手の手元に届きます。数年前は、リリースがメールで届くのを嫌がる記者もけっこういました。新聞社などには、パソコンが苦手な年配の記者が大勢いましたが、近年はだいぶ抵抗感が薄れてきたようです。またメールだと、忙しいからと1回スルーしたものは、永遠に見てもらえない危険性が高いです。その点、紙で届いたものは、存在しているだけで目につきます。相手がメールでも大丈夫な人かを確認して、使い分けるのがいいでしょう。

郵送はタイムラグが出るのはやむを得ませんが、カラーできれいにプリントしたものを、紙の状態で渡せるので、相手に与える印象は良好です。だからPRの専門家などは、情報の鮮度を問わないリリースは、直接手渡せない相手に対してはファクスやメールでなく「郵送」を基本にしています。

● 電話フォローがあるのとないのでは大違い

配信が済んだら、それで安心してはいけません。重要なのはその後に電話でフォローすることです。「先ほどリリースを送りましたが、ちゃんと届いていますか？」という確認を糸口に、相手に時間的な余裕がありそうなら、特にプッシュするポイントなどを簡潔に説明して、相手の関心を探るのです。「できるなら手渡しが一番」と書きましたが、電話フォローはそれができないときの代わりで

す。会話を交わせば、ただ文字で情報が届いただけよりもはるかに強く印象に残ります。ニュースリリースを配信して成果は寝て待とうという受け身のやり方ではなく、どんどんこちらから成果を挙げにいく積極的な姿勢で、配信後は、特に大切にしたいメディアには電話をかけましょう。ただしあまり前のめりにプッシュすると相手は退いてしまいますので、ほどよい会話を心掛けましょう。

◉ 配信先をブラッシュアップしていく

　こうして第1回のリリースを配信したら、その後は徐々に配信先を増やしていきます。配信していないメディアからも、ほかの媒体を見て取材が来ることがあるので、そういうありがたいメディアは即、リストに加えましょう。3〜6カ月に1回は、リストのメンテナンスも必要です。テレビは半年に一度は改編があるので、注意を怠っているともう終わった番組に情報を送り続けかねません。新聞社は早ければ3カ月程度で異動になるケースもありますが、残念ながら記者は、そのたびに連絡をくれるわけではありません。一番いい方法は、リリースを送った後に、届いたかどうか確認の電話を入れることです。そこで「△△は異動になりました」と言われれば新しい担当者名を教えてもらい、本人がいればあいさつするいい機会です。あるいはリストの全社に「ご担当者の変更があればお知らせください」と一斉にファクスを送る方法もあります。ある企業の広報担当者は、前任者から受け継いだ際に、リストをすべて洗い直したところ、ほとんど使い物にならなかったと話していました。こういう事態はくれぐれも避けるようにしたいものです。

第 3 章

PRコンテンツの作り方

メディアが求める
ニュースバリューを知ろう

◯ 記者の視点で考える

　第2章ではプレスリリースについて書きましたが、リリースを配信する案件は、放っておけば天から降ってくるものばかりではありません。何を広報していくかは、広報担当者が探して、取捨選択していくことが必要です。この第3章では、そうしたPRコンテンツ（情報の中身）の作り方について解説していきたいと思います。

　企業によって状況はさまざまですが、年間100点以上の新商品を発売する大手メーカーなどでは、そのすべてをリリースしていたらきりがありませんので、中でもニュースバリューの高い商品だけをリリースしていきます。では、どういう商品が「ニュースバリューの高い商品」なのかと言えば、読者や視聴者に興味を持ってもらえる商品で、それを判別するのが記者やテレビディレクターです。

　つまり「ニュースバリューの高い商品」とは、「メディア関係者が記事や番組にしたくなるような商品」と言い換えてもいいでしょう。だから広報担当者は「どんな商品だったら記事にしたくなるのか？」と、記者の視点に立って考えてみることが大切です。単純に「おいしい」、「面白い」などでは記者はピックアップしてくれません。食品や飲料ならどの会社のどの商品も「おいしい」と思って作っているに決まっており、何の差別化にもならないからです。

◯ 欠かせない大前提と6つのポイント

　ニュースバリューにはまず1つの大前提があります。
◎**新規性**…まだ人に知られていない新しい情報であること。
　既に多くの人が知っているものではメディアにとって価値はありません。何しろ「ニュース」なのですから、新しさは必要最低条件です。
　その上で、あと6つのバリューポイントがあります。
①**特異性**…今までになく、あっと驚くようなこと。サプライズがある。
②**人間性**…人間味があって感情に訴えること。かつて人気番組だったNHK『プロジェクトX』のような物語がある。
③**大衆性**…多くの人が商品名や人名などを認知しており、関心があること。
④**社会性**…広範囲、あるいは時代的に意義のあること。社会問題や時事キーワードに関連する。
⑤**影響性**…社会に対して影響を与えること。多くの人がまねをしたいと思える。
⑥**地域性**…地元の人が愛着を覚え、地域で盛り上がること。地域限定商品など。
　この7つのポイントは、時代が変わっても普遍的に人々の興味を引く鍵であることは変わりません。

◎ 東京スカイツリーは優秀なコンテンツ

　例えば昨今の観光業界でウルトラ級の目玉である「東京スカイツリー」について検証してみれば、なぜこれほどまでに注目されるのかが納得してもらえるでしょう。

[新規性] 2012年にオープンしたばかりの新しい施設である。

[特異性] 634メートルという日本では群を抜く高さであるだけでなく、自立式電波塔としては世界一の高さを誇る。

[人間性] 華々しいオープンの裏側で、難工事に携わってきた建築会社社員たちの苦労物語がある。

[大衆性] 高度成長期の象徴として愛されてきた東京タワーに代わるタワーである。

[社会性] テレビの大転換点であるデジタル放送の電波塔である。日本の新しいシンボルとなりうるランドマークである。

[影響性] 多数の関連グッズが発売され、観光ツアーも多数企画されるなど、さまざまな産業に波及効果がある。

[地域性] 墨田区民や東京都民が、誇れる地元の名所として大いに盛り上がっている。東京スカイツリー自体も、東京の下町らしさを意識したタワーになっている。

　こうして見てくると、東京スカイツリーは7つのポイントをすべて満たしている、広報的観点から見ても非常に優秀なコンテンツだということが分かってもらえるでしょう。だからテレビや新聞、雑誌をはじめ、あらゆるメディアがこぞって取り上げたのも当然のなりゆきなのです。

あなたの会社の商品はこの7つに当てはまっていますか？　別にすべてそろっていなくてもいいのです。1つでも多く該当するポイントを見つけ出し、そこを前面に押し出して広報しましょう。

◉ 常識の裏をかく特異性

もう少し具体的に説明していきましょう。

まず、大前提となる「新規性」について。世の中に新しくお目見えするものは、多くの人が文句なしに注目します。書店に行っても、既刊コーナーより手前の目立つ場所に新刊コーナーがあって、そこに大勢の人が集まっているのがその証拠です。

だから新規性を間違いなく満たしている新商品や新サービスの発売時期は広報の最大のチャンスです。あとはそこに、①から⑥のポイントをどれだけ足していけるかということです。

①の「特異性」を表す3大キーワードは「一番」、「初めて」、「最も」で、「日本一」、「業界第1位」、「日本初」、「世界初」、「最高品質」などの言葉で形容できるものです（ただし「初」を使う場合は、本当に類似商品が存在しないか注意が必要です）。

それらを引き出すために「他社の商品とはどう違うのか」を意識しましょう。そのためには競合他社の情報を確認、整理して、どの点で自社の製品が差別化できるかを理解することが重要です。さらには、そのポイントがどの程度の差別化になっているかを検証する必要もあります。もしそれが消費者の興味を引くに十分でない程度の差別化なら、別の方策を探したり、別の情報を付加したりすることも視野に入れましょう。

数年前、クリームシチューのように色が白い「ホワイトカレー」という商品が話題になりました。このときは既存の類似商品もない「初」の商品でしたし、従来の「カレーは黄色いものである」という、誰もが疑わなかった常識を覆すサプライズがありました。黒いカレーや赤いカレーならまだ辛いイメージが合いますが、「白」という色が、辛さとは無縁そうな色だったこともサプライズだったのでしょう。この商品は大ヒットし、多くのメーカーで関連した商品が作られたり、外食店でも白いカレーがメニューに上るようになり、大きな広がりを見せました。

　サービス業や施設では新しいコンセプトが特異性になります。理髪チェーン店の「QBハウス」は、1000円という低料金、10分という短時間が受けて、男性を中心に利用者を増やしています。それまで3000円台が中心だった料金に価格破壊を起こした「最安値」はもちろん、それまでの理髪店は1時間程度かかっていたのを、洗髪やひげそりをなくして10分で仕上げる、従来の理容業界にはなかった「早さ」というコンセプトを「初めて」持ち込みました。オープン当日にはマスコミも取材に来たそうで、現在も店舗数を順調に増やし続けています。つまり、その商品や業界で「当たり前」になっている常識の裏をかくことが大事なのです。

● 人間性・社会性・地域性

　②の人間性については以前人気を博した横濱カレーミュージアムの話を例にしましょう。そのころは同館のプロデューサーとして全国のおいしいカレー店に出店を交渉して回っていましたが、すんな

りいく店ばかりではありませんでした。

　あるとき、口説きたいと思っていた店主はとても怖い人で、「そんなわけの分からないところに出店できるか。二度と来るな」と相手にしてもらえませんでした。その後も何回も通いましたが、本人に会うこともできず弟子の人たちを介した伝言ゲームのような状態が続きました。そうして途方に暮れていたとき、たまたまその地方の友人に、話してみたのです。すると驚いたことに、その店長は彼の親友の親友で、店を開業するときには保証人にもなっていた間柄だったのです。そこからは話は急展開で、店主も「そういうことなら」と出店を快諾してくれました。

　こういう物語性があると、メディアというのは記事にしやすいので紹介をしてくれるものですし、それほどまでして誘致したカレーだと聞けば、どんな味なのか興味もわくものです。

　ミュージアムをリニューアルオープンしたときは『横浜ウォーカー』が6ページの特集をしてくれましたが、そのときも各テナントの店長やかかわったスタッフのバックボーンを「それぞれにドラマがあった……」というタイトルで記事にしてくれました。中でも「たこ坊」という店の店長は、1億円の借金を抱えてしまったところから立ち直ったというドラマチックな過去の持ち主でした。メディアで取り上げられるには、そうした人間味のある裏話、物語性が大事なのです。

　④の社会性については「問題解決型の商品」が分かりやすい例です。

　カラオケで有名なシダックスでは、料理の中に花粉症対策メニュ

ーやメタボ対策メニューなどを取り入れています。なぜカラオケ店で？と驚かれるかもしれませんが、同社はもともとの主業務は給食事業なので、食の専門性は高いのです。花粉症やメタボなどは、現代人なら誰もが少なからず関心を持っている社会問題です。記者にも悩んでいる人は多いでしょうし、記事にしたら多くの読者が興味を持って読んでくれるに違いありません。

　こうした社会問題に関係があって、それを解決できるような特性があると、ニュースバリューは高まります。

　⑥の地域性は、あるとき、全国チェーンのCD・DVDレンタルショップが福岡に新店舗をオープンしましたが、それだけではメディアに取り上げてもらうのは難しい状況でした。そこで「九州出身のクリエイターが作った作品を応援する」コーナーを設置するなど、九州色を強く打ち出しました。これは⑥の地域性に当てはまり、地元メディアを大いに刺激して35件ものメディアに掲載されました。こうした題材は、別に頑張って全国紙に載せようとすることはないのです。載ったところで、わざわざ名古屋や東京からお客が来てくれるわけではありません。それよりも地域性に訴えて、地元のメディアに多数取り上げてもらうことの方が、はるかに大きい実利をもたらしてくれるのです。

記事になるネタを創出しよう

◎ 合コンやバレンタインもネタになる

「新商品が多すぎてすべてのリリースは作れない」という悩みがある一方で、そうそう新商品が出ない業種もあります。

事実、広報に関する講演で、一番よくされる質問が「広報するコンテンツがないのですが、どうすればいいでしょう？」というものです。

そんなときの回答は、「ネタが無いなら自分で作り出しましょう」ということです。ここで参考にしていただきたいのが、「コンテンツ創出シート」です。85ページの例を見ながら、自社の商品に当てはまるものがないかを探していくのです。

例えば現代の「社会問題テーマ」の1つである「少子高齢化」。横濱カレーミュージアムが、館内を貸し切りにして合コンパーティーを開いたことがありました。そのとき、「現在の少子化の原因は男女の出会いが少ないこと。特に地元の神奈川や東京など都市圏の結婚率の低下は深刻です。それを解消するためのキューピッドパーティーです」と文化的な理由付けをして売り込んだところ、多くのメディアが取り上げました。もしこれが、ただの合コンだったら、恐らくどのメディアも取り上げなかったでしょう。

「年中行事テーマ」もネタを創出しやすいものの1つです。日本に

はお正月から始まり、成人式、バレンタインデーと、1年中何かしらの行事があり、こうした季節行事に絡んだ話題にはメディアは常に敏感です。

　横濱カレーミュージアムでもバレンタインデーを前に、以前から販売していたカレーチョコに目をつけました。カレー味のチョコなんてゲテモノに思われるかもしれませんが、実はおいしい人気商品だったのです。それ1点だけだと話題としては弱いですが、同様の変わったチョコばかりを集めてみたらどうでしょう？　そこで唐辛子のチョコだとか樹液のチョコだとか変わり種のチョコばかりを集めて「変なチョコ（へなちょこ）博覧会」というものを開催しました。これはメディアにはかなり面白がってもらい、翌年からはバレンタインデーの定番イベントになりました。

◯ 旬のネタに絡めてアピール

　イベントやブームも、広報の大きなチャンスになります。毎年、プロ野球の優勝チームが決まると大規模な謝恩セールがニュースになりますし、史上最多のメダルを獲得したロンドンオリンピックの後は、選手たちの地元でそれにあやかった饅頭や煎餅が多数誕生しメディアをにぎわせました。参院選があったときには、あるオフィス用品の販売業者は、選挙に関連ある商品だけをピックアップしたリリースを配信しました。その切り口の面白さがディレクターのアンテナに引っかかったのでしょう、NHKの『おはよう日本』で取り上げられて話題になっていました。

　あと変わった例ですが、熊が人里に出没して暴れる事件が相次い

第3章　PRコンテンツの作り方

● コンテンツ創出シート

分類	期間	テーマ	例	自社の商品サービス、イベントを作るとすれば!?
時流連動	長期的な流れ	社会問題テーマ	少子高齢化、年金、環境 メタボリックなど	
		政策課題テーマ	地域振興、事業継承、景気変動 新規創業、食育、食の安全など	
	短期的な流れ	年中行事テーマ	正月、成人式、節分、バレンタインデー 敬老の日、ハロウィーン、クリスマスなど	
		季節テーマ	初雪、花粉症、梅雨、海開き、猛暑（冷夏） お中元、食欲の秋、お歳暮など	
		世界的イベント	オリンピック、サミット ワールドカップなど	
		国内の大イベント	日本シリーズ (国内でも盛り上がる)米国大統領選挙など	
	一時的な流れ	ファッド (一過的流行)	＜2012年の食業界でいえば・・・＞ 塩麹、グリーンカレー、糖質制限食 黒ビールなど	
自発的創出		自社で競争優位を発揮できる商品サービスの開発	「No1」、「オンリーワン」、「○○初」など他社にない独自性を打ち出し自らブームを巻き起こせるもの	

井上岳久著『マスコミが思わず取り上げたくなるPRマル秘戦略』
インデックス・コミュニケーションズ刊（一部加筆修正）

だ時期は、なぜか横濱カレーミュージアムでは「熊カレー」の売上が通常の4倍にも伸びました。困りものの熊を食べて退治してやろうというわけでもないと思うのですが、潜在的に熊に対する意識が高まっていたのでしょうか。「熊カレーが好調」ということを記者に話したら、早速取り上げられ、売上もさらにアップしました。こんな小さな関連でも、旬の話題であれば売上に結び付くものなのです。ただしこうした旬ネタ商品は、旬の時期もあっという間なので、乗るタイミングを見誤ってはいけません。

　時流に連動したコンテンツを創出する方法は多数あります。いかに自社の商品を、時流と結び付けてアピールしていくかが、広報担当者の腕の見せ所です。

◉ 自発的にネタをひねり出す

　時流とは別に、自発的にコンテンツを創出してしまう方法もあります。

　第2章で解説した「自社商品の売れ行きが○万個を突破した」という「達成リリース」は代表的な例です。(P61参照)「○○ビールが売上○カ月連続１位」などは、よく新聞の記事で見掛けますが、あれだって自社が発信しなければ、誰も気付かないまま過ぎていってしまうでしょう。具体的な数字のある話題はインパクトがあってメディアも歓迎するので、自社のいい点は遠慮することなくどんどん広報すればいいのです。消費者も、そんなに支持されているのなら飲んでみようかと、購買意欲を喚起させられます。

　会社創立○周年というのも、メディアには案外重宝される話題で

す。社内的なことなので世間には関係ない……などと控えめになることはありません。会社を30年、40年と続けてくる間には、いいことも悪いことも含めてさまざまな歴史があったわけで、その年表を付けてリリースを配信すれば、面白いと感じるメディアも必ずあるはずです。併せて記念商品を発売したり、記者発表会などを開いたりすれば相乗効果が得られるでしょう。第2章で地ビールのイベントのことを書きましたが、内覧会やプレスセミナーなどは、広報以外の部署では決してできないことです。

　また、「記念日」を作ってしまうという方法もあります。例えば6月2日が「カレー記念日」だということをご存じでしょうか？　これは横浜開港記念日に合わせて、横濱カレーミュージアムが日本記念日協会に申請したのですが、そういう取っかかりがあるだけで、メディアは取り上げやすくなるものです。

　独自に著名人を表彰してしまう手もあります。ベストジーニスト賞やダイヤモンドが似合う有名人など、毎年数多くの賞が芸能人やスポーツ選手に授与されます。あれらもジーンズや宝石などの婉曲的な広報になっているのです。費用は大してかからずに、メディアへの露出はある程度期待できます。

　広報担当者でも、なかなか自発的にコンテンツを創出するところまではできる人がおらず、この辺まで来るともう、広報のプロの域に入ったといえます。皆さんもプロを目指して、自分発で、コンテンツを生み出していきましょう。

◉ 最良のトレーニングはクリッピング

　コンテンツ創出をするために、最も良いトレーニングになるのが「クリッピング作業」です。新聞や雑誌、ネットから話題の情報を切り抜き、スクラップブックにまとめます。テレビやラジオにも耳を傾け、ノートを作っていきます。多くの企業では、広報に配属された新人はまず、このクリッピング作業を行うのが定番です。

　では何をクリッピングしていけばいいのでしょう？　新人時代はそれすらも分からず、どれもこれもが重要な情報に見えて混乱するかもしれません。集めるべき情報は、①自社のことが話題になった記事、②競合他社が話題になった記事、③業界の動向が話題になった記事、④異業種でも大きな話題を呼んでいる記事、⑤自身が気になる記事、などなどです。

　これらは単に集めただけで終わりにしてはいけません。集めたらきちんと整理して、分析し、考察するのです。こうした地道な作業を日々繰り返していくことにより、さまざまなものが見えてきます。同じ全国紙でも、こういう話題はA紙は好きで、B紙はあまり載せたがらない、などが分かるようになりますし、しまいには署名を見なくても、この記事はあの記者が書いたのだろうということまで分かるようになります。さらにこのテレビ番組は、あの新聞や雑誌をネタ元にしているなという、ニュースの流れる道筋さえも見えてくるようになるのです。

　そうしたことが分かってくると、この情報はこの記者にプッシュしたら載せてもらえるだろうとか、あの記者はあまり関心が無さそ

うだから、何かもう1つ手を加えた方がいいとか、対応策を打つことができるようになります。競争率の高いテレビ番組で取り上げてもらいたい場合、直接当たってもハードルが高いけれど、あの新聞に載れば、回りまわって番組にたどり着けるということも計算できるようになるのです。

◉ 記者と会話してヒントを得る

　こうしたクリッピング作業が体の基礎を作る「筋トレ」なら、メディアの記者から話を聞くのは「バッティングセンターで練習する」ようなものです。

　親しくなれば個人的に飲みに行くこともありますが、そこまでしなくても、取材を受けたときの立ち話や、電話での雑談程度でもいいのです。最近どんなことを追い掛けているか、これから人気が出そうなのは何かなどを聞いてみましょう。このときに、クリッピングの積み重ねが力を発揮します。相手の記者が最近書いた記事を読んでいれば、それを話の糸口にすることができますし、自分の記事を読んでくれて、感想を言ってもらえれば記者も悪い気はしないものです。また自分が気になるテーマのクリッピングも、一見仕事には役立たないように見えて、思いがけず記者と話が弾むきっかけになることがあります。自身の専門分野を持つことは広報にとっても大切な武器になります。

　もちろん記者たちは競合メディアと猛烈なスクープ合戦を繰り広げているので、絶対にしゃべれないことの線はきっちりしていますが、彼らも情報は求めているのです。だから「最近、○○がはやっ

てきているみたいなんですけど、御社では商品化の予定はありますか？」など、何かしら話題を出してくるでしょう。それに合致する新商品の予定があれば、お互いの利害関係は見事に一致しますし、そこまで美しく話は進まなくても、何らかのヒントは得られるに違いありません。広報と記者は持ちつ持たれつなのです。

社内でネタを集めよう

◉ 社内のお宝商品とお宝人材を発掘！

　ここで少し頭を切り替えます。
　コンテンツがなかなか見つからない場合、身内（同僚）に聞いてみるというのも、非常に有効な手段の1つです。本当はいいネタがあるのに、広報担当者が気付いていないことも、よくあるのです。
　まずは社内を巡ってヒアリング調査をしてみましょう。
　例えばあるメーカーの広報が製造部門を回ったとします。そこで彼らのラインが作っている製品が、かなりのロングセラーだと聞かされて、製造開始日を調べてみたら、ちょうど今年が誕生30周年だったなどということは十分あり得ます。前述したとおり、企業が創立して何周年かは覚えていても、個々の商品が何周年かまでは、広報担当者も把握していないものです。
　けれどこれは格好のPRコンテンツになります。メディアは〇周年とか具体的な数字が入った話題を好みますし、「長年愛され続け

ている定番商品の歴史」、「ロングセラーの理由」などという切り口も非常に好みます。もしキリのいい年数でなくても、5年置きにチャンスはやってくるので、それまでネタを温めておけばいいのです。

こうした「お宝商品」とともに、社内ヒアリングで浮かび上がってくるのが「お宝人材」です。

2002年にノーベル化学賞を受賞した田中耕一さんは、その素朴な人柄が好感を持たれ、連日ニュースで報道されました。そのことで島津製作所という企業が得た認知度は計り知れないものがあります。日本旅行には名物添乗員がいて、彼がコンダクターを務めるツアーに参加したいと、多くのお客さんが詰め掛け、テレビでもたびたび取り上げられています。

ここまですごい人材でなくても、意外な資格や前歴を持っていることで、「わが社の有名人」的な人材は案外いるものです。そうした人を売り込むのも戦略の1つです。

横濱カレーミュージアムの例では、「讃岐五右衛門」というカレーうどんの名店で、厳しいことで有名な店主からうどん打ちを免許皆伝された女性店員がいました。女性で一人前のうどん打ちになるのは、頑固店主の下でなくてもかなりの難関らしいのです。さらに彼女が若くて美人だったということも幸いしました。この話題をもとにリリースを配信したところ、普段はあまり縁のない仕事情報誌なども含めて、さまざまなメディアが取り上げましたし、その職人さんを見たいというお客さんの呼び込みにも成功しました。

別のテナントには、インド人のイケメン店員がいることを当時のスタッフが発掘してきました。ご存じのとおりインド人は目鼻立ち

がくっきりした美男美女が多いのです。ちょうど韓国ドラマや台湾ドラマがブームだったので、韓流、華流の次は「印流」だとメディアに売り込んだところ、女性記者を中心に複数の媒体が彼のことを取り上げました。

このように社内を見渡せば、埋もれたネタが多数転がっているはずです。多数の外部テナントがひしめくデパートやショッピングセンターの広報は、ネタを収集するために、毎日フロアからフロアへと飛び回っています。そうしているうちに、社内で顔も売れてきて、いろいろな情報が集まってくるようになるものです。

他部署の協力を得よう

◎ 大切なのは日々の啓発活動

とはいえ、広報に協力的でない企業は多いもので、私が多く受ける相談の1つが「社内がPRに非協力的で困っています。どうすれば協力してもらえますか？」というものです。

協力を得られない最大の理由は、「広報って普段、何やってるのか分からない」と思われているからです。確かに商品を生産しているわけでもなく、販売しているわけでもないので、その役割を理解してもらいにくいのはごもっともです。

協力を得るには、下地作りとシステム作りが大切です。まずは社内全体を見渡せる経営会議に出席し、どこの部署でどんな動きがあ

るのかを確認することです。そして気になる部署には直接出向いて、情報を収集するのです。だから広報の重要性を理解している経営者には、広報を別の部署ではなく、社長室の中に組み込んで、社内全体の動きが把握できるようにしている人もいます。

そもそも広報は社内報を作っている場合が多いので、どんどん社内を歩き回って、さまざまな部署の人たちと接し、広報をするとメリットがあると啓発活動をしていこうではありませんか。一番いいのは、広報活動の結果、新聞などに掲載された自社製品の記事を見せて、その後売上が上がったことを説明すれば一目瞭然です。けれどそうした成功例がまだ無い場合は、競合他社の例を見せて、自分たちもこのようにしたいから協力してほしいと、真摯に頼みましょう。

そして仲良くなった部署の商品をPRして、メディアで紹介されたとします。すると自社の商品が雑誌やテレビに出るのはやはりうれしいことですから、ほかの部署も注目します。それを仕掛けたのが広報だと分かれば、社内の広報を見る目は一気に変わります。私の知る企業でも、1つの商品が紹介されてヒットに結び付いてからは、ほかの部署からも手のひらを返したように「うちの部署で今度こんな新商品を企画してるんだけど」と、早い段階から情報や売り込みが集まってくるようになったといいます。

広報がうまく機能している企業に聞くと、この啓発活動を頻繁に行っています。新入社員が入ってくると社内研修期間がありますが、その際に必ず広報も時間を取ってもらうようにしましょう。そして製造した商品を売っていくために、広報がどれだけ重要かというこ

とを最初に知ってもらうと、どの部署に配属されても協力的に動いてくれます。直接会わなくても、気付いたときに情報を寄せられるイントラネットなどのシステムを確立しておくことも重要です。そうすれば社員は気軽に情報を寄せられますし、たくさん有効な情報を送ってくれた社員には広報から表彰してあげたりするのも、意外と効果があります。

　玩具メーカーのバンダイでは、毎日広報から社内全体にメールマガジンを配信して「今日何時から『〇〇』という番組でわが社の◎◎が紹介されます」、「今日発売の週刊誌『☆☆』に開発部の△△さんのインタビューが掲載されています」などの情報を伝えています。これを始めてから「うちの商品もPRしてよ」と各部署から相談されることが増えたそうです。もしリリースが出せない場合は株主に配るニュースレターや、企業サイトにある広報ブログでフォローするなどして、せっかくくれた情報を無駄にしないよう気を配っています。こうした細やかな心配りが、他部署とのいい関係を維持していくのです。

　それは情報収集のときだけに限ったことではありません。いざ取材となると、メディアの人たちは平気で無理な希望を出してきます。例えば、どうしてもシェフが調理している姿を撮影したいと言ってきた場合、営業中は業務に支障を来すので、営業時間外の深夜や早朝に対応してもらわなければなりません。そんなときにも、広報の重要さに理解があり、普段からの協力体制が出来上がっていれば、快く注文に応じてもらえるなど、後々も役立つことでしょう。

第 **4** 章

取材への対応と報道後の行動

取材の受け方、断り方

◎ 取材を申し込まれた際の確認事項

　本章では、取材を「する側」に加え、「受ける側」としての視点でも書いていきます。1章ではメディアのスタンスで広報について書きましたが、本章では現在のPRプランナーとしての取り組みも含め、報告します。また、企業のメディア対応について「これはマズい……」とメディア側の立場から日々思っていることも書きます。まずは、取材を申し込まれた際の確認事項ですが右ページに記載した内容は最低限知っておきたい。というか、これらが書いていなければ、その編集者・記者・ディレクターはやや配慮が足りないと言わざるを得ません。

　これらが明らかになったところで、広報担当は取材対象者を選ぶわけですが、メディアは「肩書」を求めているわけではありません。「その分野に詳しい人」を求めているのです。例えば、とある生タイプの即席ラーメンが売れている、という場合に、メディアから「なぜ、このモチモチ感ある麺の技術が実現できたのか。現場での試行錯誤を聞きたい」という要望があるにもかかわらず、なぜか肩書だけを重視し、「マーケティング本部長」などが出てくることもあります。ですが、メディアは決してふかん的な話を知りたいわけではありません。

第 4 章　取材への対応と報道後の行動

● **取材を申し込まれた際に確認すること**

企画意図	今の時代、なぜその企画をやることになったのか、の背景説明。
企画名	そういった背景があった上で、媒体として訴えたいことは何かの説明。
登場コーナー	定番の連載に登場するのか。はたまた特集に出るのかの説明。
単体取材か"傾向記事"における"その他大勢"か	他社が登場することによって「おとしめる意図があるか」などは事前に分かるため。
どんな人間を取材したいのか	広報担当として、媒体の欲求に合致する適切な人間を出した方が両者にとって良いため。
掲載・オンエア時期	本気で取材依頼をしているかどうか判断するため。また、自社のPRにできる素材がその時期にあるかを把握するため。
取材日時のデッドライン	これ次第で準備できるかどうかが決まるので最重要事項の1つである。
原稿チェックの有無	新聞では原稿チェックができない場合もあるが、できる場合はしておいた方が良い。「悪いことを書かれているかどうか」ということよりも、「事実関係が正しいか・固有名詞や各種データが正しく書かれているか」を見るためという姿勢の方が良い。ただし、記者会見をしたときなどに「原稿チェックはできますか？」と言うのはやぼ。
発行部数・視聴率	どの程度影響力がある媒体なのかを事前に知っておくのは当然のこと。

「小麦の配合はどうしたのか？」や「試作品は何回作ったのか」、「意外に役立った材料は何か」、「ヒントは何か？」など、現場ならではの裏話が欲しいのです。それなのに、広報担当者が社内政治を考慮し、「この件で○○本部長に出ていただかないとスネちゃうな……」と考え、○○本部長だけを出すのだとすればそれはあまりにも社内事情を重視し、メディアを軽視しています。なぜなら、本部長のようなエラい立場の人は、そこまで細かいことは把握していな

いからです。メディアはかつての有名な番組、『プロジェクトX』（NHK）のように、「現場のドロドロした話」を知りたいからです。

それでも社内事情を考慮せざるを得ないのであれば、開発に深くかかわった人間のほか、事業の責任者である〇〇本部長も立ち会わせ、メディアから「〇〇本部長、最終的なGOの判断はどこにあったのですか？」といった質問も併せてしてもらえばいいでしょう。とにかくメディアは「体面」などどうでもいいのです。

そして、「経営」について話をしたいのであれば、ここは社長こそ適任です。以前、経営の話を聞きたいのに、なぜか広報担当者が1人だけ出てきて、既に公表されている資料だけを見せられ、突っ込んだ質問をしたところ、「社内で確認します」のオンパレードとなったことがあります。取材する相手は本当に肩書は何でも良いのです。事前に提出する企画書に最も合致する「しゃべる内容を持った人」が出てくればそれでいいのです。その方があなたの会社にとっては良い記事ができることは間違いありません。

「しゃべる内容を持った人」が出なかった場合は再取材ということもあれば、なぜか競合他社が大きく取り上げられていて、あなたの会社はほんの一言登場する、という事態に陥ることもあります。なぜかといえば、メディアにとって取材対象者からもらった情報は「企画を作る上でのパズルのピースの1つ」だからです。そのピースに合致しないのであれば、合致したことを言ってくれそうな競合他社に連絡をするのは自然なことです。

● ネガティブ問題の対応法、受けられない取材の上手な断り方

　メディアは別に企業のちょうちん持ちでもなんでもないため、時にネガティブな話への取材も来ることでしょう。リストラや異物混入、工場閉鎖、セクハラ問題など会社にはさまざまな問題が発生します。これを逃げ回ることは可能といえば可能。やり方としては「担当者がいない」の一言で乗り切ります。

　ただし、これは一時しのぎでしかないし、その後の企業活動を考えると取るべき手段ではありません。恐らくメディアはこう書くでしょう。

"締め切りまでに5回電話をしたが、いずれも「担当者がいない」と言われた。事実上の取材拒否である"

　こうなった場合、そのメディアとの間には禍根が残ります。その後、彼らが例えば「不祥事隠ぺい会社列伝」などといった企画を立てた場合には必ず名前が挙がります。そして、何よりも恐ろしいのが、ネットです。

　前出「5回電話した」という記事の一文は、間違いなく一般のネットユーザーの心に刺さり、「隠ぺい企業」のレッテルを貼られることでしょう。ネットユーザーは過去1度の過ちを延々覚えているものです。例えば、2012年、とあるプロ野球選手が引退を発表し、自叙伝を書くと宣言しましたが、そのときにネット上には「お疲れさま」という論調はあったものの、盛り上がったのは15年も前の

脱税についてと、女子アナとの不倫についてでした。「脱税と不倫の指南書でも書くのか？」と散々書き込まれてしまいました。ネットユーザーは過去に鮮烈なイメージを残した過ちを永遠に覚えているのです。

　だから、基本的にはネガティブなことでも取材は受けた方が良い。事実無根であれば、それを否定することになりますし、事実であれば、反省し、再発防止に向け、どんな対策を取るつもりなのか、を表明する良い機会です。

　もし、直接取材を受けない場合は、退職者や取引先などからの証言でよりネガティブな論調の記事が生まれることになるでしょう。

　このように、基本的には取材は受けるべきだと私は考えますが、どうしても受けられない取材をどう断るか、というのも重要なことです。ただし、不祥事ネタは断ってはいけません。

　断っても良いものは、「成分・製法について」、「（未上場企業の場合）売上などについて」、「大ヒットする他社商品に対するコメント」など、「公的なことというよりは、メディアが自分の企画のために取材相手を利用し、秘密情報を獲得する」場合です。不祥事報道の場合は社会的な意義はありますが、これらのような取材はイヤだったら受けなくても良いのです。そのときの上手な断り方は、「その期日までは無理」です。現在は〇〇の事情で、社内がてんてこ舞いになっており、詳しい社員がほとんど社内にいない……といったことで良いでしょう。

　2012年9月、中国で反日暴動が発生しましたが、メディアの関心は「これからの中国との付き合い方をどうするか？」にありました。

ですが、いきなり「もう撤退です」などと言うことはできないし、怒りをあらわにするのも得策ではありません。結局その後の暴動の様子や広がりなどをかんがみ、いわゆる「チャイナリスク」をどうとらえるかということは、経営陣も含め、なかなかすぐに答えられるものではありません。

ですが、メディアはすぐに答えを求めるものです。「店が破壊されましたが、どう思いますか？」と聞かれて、焦りのあまりもしも「あまりに民度が低い！　許せん！　こっちは中国人に雇用を出しているのに！」と発言した場合、その発言が現地に反映し、さらなる暴動を起こされる恐れもあります。

この場合は、「こんな状態ですから、てんてこ舞いでして、まだお答えできる状態にありません」と言うのが最も波風が立たないでしょう。ただし、何らかのメッセージを打ち出したい場合は、質問状だけをもらい、それに無難なことを書面で返すというやり方もあります。

ですが、私の感覚としては、あまりに宗教色が強いメディアやいわゆるブラックジャーナリズムの取材は受けないで良いですが、通常のメディアであれば、緊急時で取材を受ける余裕がないとき以外は受けて損はないと考えます。日ごろからメディアと良好な関係を作っておくとメディアとしても広報担当者の純朴そうな顔や親切な対応が目に浮かび、それほど舌鋒鋭く書かないからです。

取材に立ち会う場合の配慮

◯ 取材時の広報の本当の役割

　前出のように、記者は「とにかく知りたいことに答えてくれる人」を求めています。広報担当者の場合、かなり詳しくは知っているものの、社内の幅広い部分を見ているため、どうしても知識はやや浅くなってしまいます。だから取材対象者としては、失礼ながら「2番手」であると言わざるを得ません。

　それなのに、時に広報担当者が「立ち会い」をし、しゃしゃり出てくることがあるのです。そのしゃしゃり出るときは基本的には追加情報を出そうということではなく、「マズいことを聞いてるんじゃねぇよ」というどう喝に近いものが多い。メディアが「でも、売上は減っていますよね。このコンセプト、もはや古いんじゃないですか？」などと聞いたら突然出てきて「事前の調査では支持率は◯％です！　古いなんてことはありません！」と割って入ってきます。本当は「いや、実はこのコンセプト、高校生にはバカ受けだったんですよ！　グループインタビューでは……」といった現場の担当者の声を取れるはずだったにもかかわらず、広報が保身に向けたつまらない受け答えをし、この声を出せない事態に陥ることもあります。

　広報が立ち会う役割としては、「ヘンな論調で書かれないかを監視する」、「担当者が暴走しないか監視する」というものがあると考

える会社も多いとは思いますが、これだけではダメです。むしろ、「メディア対応に慣れていない担当者に助け船を出す」や「内容が専門的すぎる場合に、メディアにかみ砕いて説明する」ことにあると考えた方が良いでしょう。広報担当者とは、社内・メディア両方のことを知っている人間として、両方にとって手助けになる存在であるべきなのです。

ですが、多くの場合、「監視」方向に行ってしまい、取材後に編集者とライターが「さっきよぉ、あの広報が何かと口はさんでくるからロクなこと聞けなかったよ。開発担当者、何か言いたそうなのに、いつも口をつぐんじゃってたよな……」なんて会話になることはしょっちゅうです。

広報はあくまでも黒子に徹し、必要なデータは用意し、取材される社員とメディア両方の顔色をうかがいながら、最高のアウトプットが出るよう調整するのが仕事なのです。また、記者の側から言わせてもらうと、広報担当者が2人以上現場にいると、正直恐怖心があります。彼らはいつもニコニコしているのですが、その裏で「ヘンなこと聞くんじゃねぇよ。分かってるよな」という気持ちを持っているのでは、と思ってしまうのです。これは、取材相手がエライ人であるほどそうで、広報担当者としては、忙しい中協力してもらっているのでその人に申し訳ない、という社内事情もあるからです。

ですが、広報活動というのは、世間に自社の活動をするわけですから、社員の人間は使い倒してナンボ、という立場に立った方が、世論の好意形成は実現できることでしょう。広報は社内政治よりも、むしろメディアの側を向いた方が良い。結局アウトプットはメディ

アが握っているわけなので。そして、威圧してくる広報担当者は、何としても自分が社内で立場が悪くなりたくないため、過度な修正を原稿チェックの際に入れてくることが多いのです。

　それは、例えば記事では元来入れるべきではない「TM」や「®」を入れろ、や提携先のことを「様」付けにしろと言ってきたりするのです。メディアとしては読者がどう思うかを最優先したいにもかかわらず、無能広報担当者はあくまでも関係者の側しか向いていません。

● オフレコ（非公開）の現実

　政治家や企業の人が「ここはオフレコで」と言う場合がありますが、あまりにもその内容が理不尽だったり、「おいしい」話であれば、その後の関係がややこしくなろうが、オフレコ破りはよく行われます。最も顕著な例が、松本龍復興大臣（当時）が2011年7月に被災地・宮城県へ行き、宮城県庁で村井嘉浩宮城県知事と面会したときのことでしょう。松本氏よりも村井知事が先に知事室で待っていなかったことに激怒し、こう発言したのです。

"後から入ってきたけど、お客さんが来るときは、自分が入ってからお客さんを呼べ。いいか？　長幼の序が分かっている自衛隊なら（村井氏は自衛隊出身）そんなことはやるぞ。分かった？　しっかりやれよ。今の最後の言葉はオフレコです。いいですか？　皆さん。書いたらその社は終わりだから"

この様子を地元・東北放送は「オフレコ」指示を破って放送。いや、この姿勢は正しい。先に入っていたか入っていないかでどう喝するような大臣は復興担当としてふさわしくない、と局内で判断したのでしょう。何せ、地元のメディアは、被災地の復興を願っています。こんな態度の大臣は頼れるわけがありません。

　結局「オフレコ」なんて言葉は、しゃべりたがりの目立ちたがりが「皆さんには言いたくてたまらないんだ〜、だって、これってすごいネタでしょ。でも、公にはしないでね！」と幼稚なお願いをしているようなものなのです。メディアの側も、今後も取材源として大事にしたいのであれば、オフレコ指示を守るでしょう。ですが、1社でも関係を切っても良いと考える社があった場合は、雪崩式にオフレコ発言は報じられることになります。よっぽどの大物でない限り、「オフレコ」発言はするべきではありません。

　ただし、失言してしまった場合は、すぐに「申し訳ありません。今の発言は撤回いたします」と誠意を見せた上で、「話は元に戻します」とすれば、その後の説明に納得感があれば、その部分はカットしてくれる可能性はあります。

　いずれにしても、そこにいるメディアの人間が何を考えているかなど分かるものではありません。そもそも「オフレコ」な内容の発言はしない方が良いのです。

報道後にとるべき体制と行動

◉ 報道後の問い合わせ体制

　とあるメディアからスクープなどをスッパ抜かれた後は、後追いで他メディアから多数の取材依頼・コメント依頼が来ることでしょう。その場合は、想定回答集を作っておき、それに従ってコメントします。自分で判断できない場合は、「その質問については、〇月〇日までに回答する」旨を伝え、後は社内で回答を決定します。問い合わせを受けた場合は、必ず問い合わせ者の社名・媒体名・電話番号は聞いておくこと。この場合、対応窓口は広報に一本化し、他部署には回答を一切しないよう通達をしておきます。

◉ メディアに対し、適切なお礼とは

　基本的にメディアからの取材には特にお礼をする必要はありません。なぜなら、メディアと企業の関係は、「情報を欲する者」と「情報を提供する者」という原則があるからです。前に述べたように、ペイドパブリシティー（記事体広告）でもない場合は、パズルのピースとしてのネタを提供するため、基本的にメディアと企業は同格です。

　作家・椎名誠さんが流通業界の専門誌編集者だった1970年代の話を書いた書を読むと、アパレルメーカーの展示会に行くと5000

円（当時の給料であればかなりのもの）がネクタイの入った箱の底に入っていたという話もありました。これは裏の意図を感じてしまいますが、最近ではお金をもらう、という話はめったに聞きません。コンプライアンス（法令遵守）の問題などもあるからでしょう。「わいろ」と取られることを企業は避けなくてはならないからです。

　ただし、飲料の商品紹介記事などを書いていると、時々そのメーカーから新発売する商品がケースで送られてくるようなことはあります。これは、「もし気に入ったら記事にしてください」という意味があり、「事前試し飲み」のような感覚であり、厳密には「お礼」とは違いますが、明らかにお礼の意図は入っているでしょう。

　お礼をしたいと考えるのであれば、この程度で十分です。あるいは、時々一緒に酒を飲みに行き、「情報交換」をするくらいでもいい。もし、メディアの側が「ウチは割り勘にするのがルールです」と言ったら、そこは割り勘にすればいい。あくまでも「情報提供者」、「情報を求める者」として対等な付き合いと考えるのであれば、「お礼」はそれほど考えなくてもいいのです。「お礼」を求めるようなメディア人がいたら、それこそむしろ倫理的に問題です。

◉ 誤報にどう対応するか

　誤報が出た場合は速やかにホームページでプレスリリースを公開。その場合は「一部週刊誌で……」などと回りくどい言い方をせず、明確に媒体名を言い切る。私が本当によく分からないのが、なぜ企業が誤報を訂正するときに「一部」と使うのかということです。本当に誤報なのであれば、そのメディアから迷惑を受けたワケなの

で、名指しでいいはずです。「一部報道によると……」といった指摘の仕方であれば、自信があるのかどうかは分からないではありませんか。「そのメディアの売上増に貢献したくない」と考えているのかもしれませんが、今はネットもあるため、特定は容易です。

　誤報を打ち消すには記述された部分を全文引用し、すべてにわたってどこが異なるかを公表すべきです。そして、その上で媒体に抗議をし、場合によっては裁判に持ち込むことが必要になるでしょう。

　ただし、ネガティブなことを書かれたからといって、事実なのに誤報扱いすることは許されません。「メディアの信用を失わせた」と逆提訴をくらうでしょう。明らかに誤報であれば、自社の勝ち。本当のことなのに、イメージを下げたくないからと「誤報」扱いするのであれば、自社の負け、となります。

　ここからは誤報であった場合の対処にしますが、自社の会員がいる場合はメールをすぐに送るべきです。件名も「週刊〇〇の××という報道が誤報だったことを報告します」のように、見出しを見るだけで内容が分かるようにするべきでしょう。

第 5 章

企業サイトの活用

広報活動と企業サイトの変遷

◉ ウェブサイト商用化の広報への影響

　1990年代より本格化した情報通信技術の発達がビジネスに与えた変化には多大なものがあります。特に1994年に商用利用が開始されたインターネット、その中でもとりわけウェブサイトの活用は、単にものの売り方やビジネスの機会に変化を与えたにとどまらず、企業の社内外に向けたコミュニケーションのあり方にまで多大な影響を及ぼしています。反面、技術の発達や表現、機能の拡大に企業の担当者がついていけず、専任の担当者が育ちにくいという状況が解消されていないのが現実です。

　企業広報の観点から全社的な活用を考えるときには、役員や上級管理職レベルの上長に対する説得や理解の取り付けに苦慮する例も少なくありません。本章では企業サイトの成り立ちからオンライン・コミュニケーションの特性、広報業務における企業サイトの活用、運営管理のポイントを紹介し、広報担当者がどう業務に取り込んでいけばいいか理解できるように解説します。

◉ 企業サイトの成り立ちと現状

　企業サイトの成り立ちをその活用方法の発展に合わせ「情報発信」、「情報活用」、「情報対応」、「情報共有」の4つのフェーズに分

けて解説していきます。

フェーズ1：情報発信

　通信業者による法人・個人向けネット接続サービスが日本でスタートした1994年から初期の5年ほどは、自社の情報を常時世界中に開示（広報・宣伝）できる「ホームページ＝ウェブサイト」は、それを持つこと自体が非常に大きな魅力であり、まずは多くの企業が競ってウェブサイトを開設しました。

　ただ、その内容はほとんどが今まで活用してきた会社紹介の印刷媒体、すなわち会社案内やアニュアルレポート（年次報告書）などの電子化が中心で、オンライン上に転換されてもいわゆる「静的（一方通行）」な情報提供にすぎませんでした。その後、商品やサービスの宣伝やマーケティング、人材採用やIR（投資家向け広報）、CSR（企業の社会的責任）など、部署単位、事業単位でコンテンツ（情報の中身）が増えていきました。単一のドメイン（URL＝www.xxx.co.jpなど）から目的ごとに分化したものもあります。しかしそれらは部門ごとに独立した情報発信であることが多かったため、内容の重複や、同じことを言っていても表現の違いが発生することもしばしば見受けられました。そもそも企業全体で「ウェブサイト」というメディアをどう活用していくか、という全体指針を明確に持つ以前に各部署で見切りスタートしていた場合が多く、内容の肥大化に反して管理の分散化は急速に進みました。これにより、ブランディングの不徹底や拡散、低下を招くことも少なくなかったのです。

フェーズ2：情報活用

　単なる情報発信から、目的に応じた活用が盛んになった大きな理

由はウェブ技術の発展にあります。動画やアニメーション、フラッシュなどによるインタラクティブ(ユーザーのクリックによる呼応展開)なコンテンツは興味を引き付けますし、ユーザーの閲覧履歴や登録情報に応じて広告やお薦め情報を表示する機能や、さらに発展してCRM(カスタマー・リレーションシップ・マネジメント)と呼ばれる顧客データベースを利用した情報システムを組み合わせることにより、商品の売買から保守、問い合わせやクレームなどのカスタマーサポートまでをオンラインで行うことが可能になりました。これらはEコマース(電子商取引)やマーケティング、サポートなどの機能が一気にオンラインへ移行するきっかけとなっています。

　2000年を過ぎると検索エンジンの機能が高まり、ユーザーの目に留まるために、いかに検索エンジンの検索結果に上位評価されるかが重要になってきました。これは一般的にSEO(検索エンジン最適化)と呼ばれますが、単にテクニックで上位評価されるような手段は認められず、内容の価値が高く頻繁に更新されるサイトが評価されるよう、検索エンジン自体の評価基準(アルゴリズム)も常に見直しが図られています。さらに企業側は検索エンジン企業が提供するキーワード連動型広告の枠を買い、関連するキーワードで検索を行ったユーザーの目に留まるSEM(検索エンジンマーケティング)と呼ばれる手法を活用するようになりました。ただし人気の高いキーワードは相対的に費用が高くなる傾向にあります。

　ネット活用開始から10年、2000年代半ばに登場した「ブログ」と呼ばれる簡易日記形式のホームページ作成ツールは、今まである程度の専門知識や作成ツールへの習熟がなければ作ることができな

かったホームページを、一般の人が簡単に作り情報発信できるようにしました。これは「インターネット＝見るもの」から「使うもの」へと大きく人々の意識を変え、総務省の開示している情報通信白書を見ても、この時代にほぼインターネット利用者の飽和を迎えることになります。

　特筆すべき点はこれらのツールに備わっていた「RSS（リッチ・サイト・サマリーもしくはリアリー・シンプル・シンジケーション）」と呼ばれる機能で、登録者がサイトに訪問しなくても、更新情報やその要約をフィード（配信）することができます。これにより、情報の伝播力とそのスピードが飛躍的に高まり、今までマスコミや企業主導だった情報の流れが変化し、ユーザーの口コミや意見の価値が高まるようになりました。まさに「情報の逆流」といえます。

　また、このころに意識が高まってきたのが「アクセシビリティ」という観念です。もともとインターネット自体は相互にネットワークを共有することで成り立っている情報基盤ですが、しばらくはそこで扱われる技術は個別の技術開発の乱立で、同じサイトでもブラウザー（閲覧ソフト）の種類やバージョンごとに、見え方や機能が違うなどの不都合が少なくありませんでした。視覚の障がいがある方向けのための読み上げブラウザーや、インターネット接続のできる携帯端末の普及などもあり、ネットを閲覧・利用する環境も多岐にわたるようになってきました。特に公共性の高い情報を持つサイトでは、こうした閲覧状況からもきちんと情報入手が可能になるような配慮を盛り込んだ指導要綱も確立されています（日本ではJIS、米国では障がい者保護法など）。

企業サイトにおいてもその情報の飛躍的な増加に伴い、サイトの管理性が問われるようになってきました。すなわち過去のデータの撤去方法や危機・事故・不祥事対応など、急を要する情報発信も含めた自主管理性の向上のニーズです。かつてウェブサイトは外部の専門家に発注し、作成されたデータをサーバーにアップしていましたが、CMS（コンテンツ・マネジメント・システム）と呼ばれる管理ツールの発展により、企業担当者が自ら対応できるようになりました。また、ヘッダーやフッター、メニューなど構成要素をモジュール部品のように扱い共有化することができるため、うまく活用すれば、事業会社を多く持つ企業などでは使い勝手やロゴなどの標準化（サイトガバナンス）にも寄与することになります。さらに機能の一部を外部のシステムやサーバーに置き、閲覧者や提供側の負担を減らすASP（アプリケーション・サービス・プロバイダー）やクラウドソーシングという仕組みも活用が盛んになってきています。

フェーズ3：情報対応

　企業のサイト活用が大きく変化したのは前述のブログの興隆期にあたります。ブログに加えミクシィやフェイスブック、ツイッターなどのSNS（ソーシャル・ネットワーキング・サービス）の急速な普及、ニュースサイトやショッピングサイト、コミュニティーサイトなどのソーシャルメディア（個人による情報発信やそれらの結び付きを利用した社会的な情報流通の仕組みを持つメディア）化により、ユーザー同士の口コミや意見共有が進みました。結果として外部のコミュニティーサイトやソーシャルメディアサイトで企業の評判が形成されたり、企業サイトに対応を求める事態が増えてきたり

しました。企業はそれらの状況を察知しない、あるいは放置すると「ユーザーの意見や考えに関心がない」、もしくは「情報開示に消極的」ととられることもあります。結果として風評の流布や危機につながる元にもなりかねませんし、企業に降りかかる危機や事故、不祥事が発生した場合、そのリカバリー（回復）に時間がかかることにもなりかねません。企業のウェブ担当者は対応姿勢を問われるだけでなく、日ごろから自社の評判や意見をチェックし、どこで、どんな会話がなされているかを知っておく必要があります。

フェーズ4：情報共有

　企業サイトは情報発信から会話、対応を経て、情報共有のプラットホームとして進化しました。「情報共有」を確立させるためには、それを感じさせる「人」の存在が重要になります。特にソーシャルメディアでは担当者が実名で顔出ししない場合でも「なかのひと」という人格を表出しながら継続的なコミュニケーションを維持する企業も増えてきました。

　今後、企業担当者は自社の開示しているコンテンツの情報価値をもう一度探り、価値を高めるために、どのような伝え方や対応の仕方をすればよいかをあらためて考えていく必要があります。それにより、整理方法、優先度、必要十分な適用技術の選択を行い、適正な改善や運営管理につなげることができるのです。

　また、企業のウェブ担当者の悩みの1つに、効果測定や成果指標の明確化があります。確かにアクセス数の向上も1つの指標ですが、BtoB企業や、広報部管轄では、何を寄る辺にすればよいか迷う場合が少なくありません。サイトそのものの情報価値や、使い勝

手の良しあしは外部のサイト評価に委ねることも可能ですが、経営観点からの投資効果として見た場合は、一概にそれだけで評価できるかというと、これも容易ではありません。

多くの海外企業では、前述の情報対応による役割の変化から、企業サイトそのものというより、オンライン・コミュニケーション全体での投資効果を測るようになってきています。すなわちビジョンやメッセージの浸透のためのコーポレートストーリーの浸透、社内外の情報格差の解消や連携の強化、それによるビジネスの効率化や業務生産性の向上、社内の人材流通の活性化や離職率の低下、さらに社外における評判形成のサポートまで見る会社も出てきています。このように多岐にわたるコミュニケーション課題の解決を実現するには、もはや広報担当者単独で成し得ることは難しくなりました。そういう意味からも、社内の関連部署、端的に言えば経営企画をはじめ、人事、総務、マーケティング、情報システム部との連携をとる組織間マネジメント能力も必須になります。

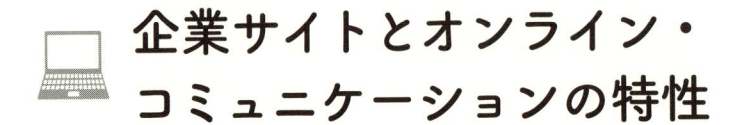

企業サイトとオンライン・コミュニケーションの特性

◎「放置」は許されない

ここからは、企業サイトおよびオンライン・コミュニケーションの持つ特性をいくつかの端的なポイントから紹介していきます。

ネットが企業コミュニケーションの手段となる以前は、企業にか

かわる情報のほぼすべてはマスメディアを通じて知らしめられていました。すなわち情報は「上から降って来るもの」という感覚です。また、雑誌や新聞に比べて速報性に優れていると言われるラジオやテレビでも、直接それらを見聞きした人同士以外に伝わるスピードは決して早くはありません。

　それらに比べてネットの場合、ハイパーリンクと呼ばれるリンクの仕組みにより、まったく別の場所（サイト）にある関連情報につなげていくこともできますし、前述のRSSなど、シンジケーションと呼ばれる関連タグの配信や受信により、特定のキーワードやカテゴリーの情報を自動収集／配布することも可能です。今まではそれらの情報に対する個人の反応（意見やコメント）は他人に触れることは多くはありませんでしたが、シンジケーション機能により、ほぼ瞬時に集積され「民意」を形成することも珍しくありません。「情報対応」（P114参照）の項で述べましたように、風評や内部告発で企業の不祥事や事故、うわさなどが流布された場合、その状況に企業が気付かず対応もせずに数日間放置するだけでも、ブランドやビジネスに取り返しのつかない損害を与えることにもなりかねません。

　企業は単なる情報提供に終始するのではなく、日ごろから自社を取り巻く情報のあり様を把握しておくことが肝要であり、またその対応スピードいかんで企業のコミュニケーション力や意識が測られてしまうというのが、ネット時代の広報の現実なのです。

◉ コンテンツに一貫性を持たせること

　事業部や利用目的ごとに「独立したコンテンツの集まり」のまま

作成された企業サイトは、個々のコンテンツの表現の差異や整合性の無さを閲覧者に認知され、企業のブランドのブレや信頼性の低下につながることはお話ししました。ネット以前の時代であれば、ユーザーは製品情報やサービス案内、投資家は決算報告書やアニュアルレポート、応募学生は人事にコンタクトし、入社案内をそれぞれ主に印刷物という形で入手することが多かったと思います。逆に言えば、そのステークホルダー（企業を取り巻く関係者）に関係しない企業の資料は、目に触れることが少なかったのです。

　しかし今では企業サイト上で、各ステークホルダーに向けた資料を横断的に閲覧、入手することが可能ですから、今日では企業に応募しようとする学生が企業研究のためにアニュアルレポートやCSR報告書をダウンロードしてみることも少なくありません。その結果、採用向けに甘口で書かれた内容の裏を取り、さらに就活学生が集まるソーシャルメディアで議論される場合も増えています。

● 遅れている海外展開

　企業サイトを通して開示した情報は、ネットにつながっていれば、基本的に世界中のどこからでも検索、閲覧することが可能となります。大手の企業でなくても、ユニークな技術や製品、アイデアを持っていれば、小さな企業ほど、海外のマーケットに向けたビジネスの可能性が広がることとなります。

　しかしオンライン・コミュニケーションの海外展開は、多くの大手企業においても後手に回っていることが多く、アニュアルレポートや会社案内の英語版の内容をそのまま掲載して終わっているとこ

ろが大半で、国内向けの情報と、内容や質、ボリューム、鮮度においても乖離(かいり)している場合が見受けられます。英語を母国語としない多くのヨーロッパ、アジア圏の企業でも、当初よりグローバルなマーケットを意識した英語ページを併設している場合が多かったことを考えると、差はかなり開いていると言わざるを得ません。

グローバル対応のための企業サイトは、基本的には国内向けのサイトと運営の条件は同じですが、下のようなポイントが重要です。

● **グローバル対応のための企業サイト運営ポイント**

> **a. 誰をターゲットにするか。ウェブサイトの目的を明確にする**
>
> 世界中の一般消費者を相手に商品情報やサポート情報を提供するのか、メディアコンタクトを増やすのか、投資家を相手に企業・IR情報を提供するのか、採用情報を提供するのかなど、目的を明確にする。もしくはそれらの優先度をはっきりさせて構成・編集するのも、使いやすいグローバルサイトを作るためには必要。
>
> **b. 管理更新性を上げるために外部任せにせず担当者を育成する**
>
> タイムリーな情報更新と対応は、母国語の企業サイトを運営するのと同様に重要。オンライン・コミュニケーションの特性を知るのみならず、ビジネス・コミュニケーション全般の素養を持った人材を育成することがグローバル対応のキーになる。
>
> **c. 利用条件などを明示する**
>
> 開示した情報の責任範囲や、利用者の権利など、「コピーライト」や「リーガルノーティス」などをきちんと考慮して明示しないと、思わぬ責任が発生する場合がある。法務部などと調整し権利保護を怠らないように。

● 点から面への対応

　メディアリレーションズの観点から見ると、今までの広報はターゲットメディアに対して、できるだけ継続的に企業や商品、サービス、あるいは経営者などの情報を継続的に配信していくことが肝要でした。しかしマスメディアの多くは、そのメディアの特性からその報道に一過性が強いことが多く、関連する過去のニュースを視聴者や購読者がすぐに参照することが容易ではありませんでした。

　しかしネットの場合、ニュースリリースの格納も含め、ニュースサイトのアーカイブなどで、その企業に関し、過去にどのようなニュースがあったのかを知ることができます。そういう点から見ても、企業が発信する情報は、言論や論旨の一貫性が問われるようになりました。事故や不祥事が起きた場合などは、ユーザーが「魚拓」と称し、そのページのソースをコピーして別所のサーバーで見られるようにする場合もあります。ネットの世界では「臭いものにはフタ」が通用しません。「過ぎ去ったもの」と一蹴せず継続的に一貫した対応ができるよう、「面」の対応を意識した体制整備が必要です。

ネット活用の実際

● メディアリレーションズ

　それでは、企業広報の視点から、実際の企業サイトの活用事例を

見ていきましょう。

　ネットを活用したメディアリレーションズの形も、欧米企業が先行して形成しています。欧米ではもともと日本の記者クラブ制度に当たるようなものがありませんので、企業によるサイト上のニュースリリース開示が一般化してくると、ジャーナリストはサイトを通して積極的に企業にコンタクトしてくるようになりました。その結果、2000年を過ぎたあたりから、多くの海外大手企業は単なるニュースリリースの格納庫を超えた「オンライン・プレスルーム」や「メディアセンター」と呼ばれるページを持つようになりました。これは主に、ニュースリリースのみならずエグゼクティブバイオ(経営幹部の経歴や職務内容、写真)、PRストーリー、写真イメージ、映像、ロゴやブランドマークデータ、登録制のニュース配信機能などジャーナリストに対する情報提供を一元化したものです。中には米国のウォルマートやサウスウエスト航空のように、これらのコンテンツのみを「マイクロサイト」と呼ばれる独立したサイトとして、ドメイン(URL)から分けて運営している企業も数多く出てきています。日本ではまだまだこのようにメディア向けにサイトやコンテンツの充実を図る企業は多くありませんが、一部の医薬関係の企業などでは、薬事法の関係からすべての情報を一般に開示できないため、医薬関係者、特定ジャーナリストやメディアにのみ、パスワード認証を設けて非公開のプレスルームのような形で情報開示を行っている例も見受けられます。

　また、ネットメディアに特化して企業のニュースリリースを配信したり、一般のユーザーやブロガー、市民記者に対して直接企業の

ニュースリリースを開示したりするようなオンラインPR会社もいくつか存在します。

◯ IR、CSR、環境対応など

インターネットの即時性により、企業の情報開示姿勢は厳密に問われるようになりました。IRサイトも単なる情報提供の場としてだけではなく、企業の信頼性とブランディングを意識した戦略的なコミュニケーションの観点から計画しなければならなくなりました。

企業サイト上でのIR活動の特徴としては、これまで紙媒体や実際の説明会などで行われてきたものとは違い、公開する情報は国内外を問わずさまざまなところから、さまざまな人に即時に見られるところにあります。すなわち内容のみならず開示タイミングと"フェア・ディスクロージャー"の姿勢が重要です。企業にとってマイナスになる情報も、遅滞や過不足なくすべてのステークホルダーに公平に開示する必要があり、そのほかのメディアで開示する情報との間に行き違いが生じることは絶対にあってはなりません。

企業サイトのIR情報は、一度作ってしまえば毎年必要事項のみを更新すればよいというものではなく、その時々のステークホルダーが重要視する情報に合わせた、適性開示を行う必要があります。

IRにおけるアニュアルレポートと同様に、企業が毎年発行する冊子（印刷物）としてCSR報告書や環境報告書があります。これらの情報も多くの企業では年間行事として印刷物の制作が計画されるので、企業サイトに掲載する場合、その情報を紙面構成に準じた形でそのままHTML化するか、PDFファイルなどの形で添付開示する場

合がほとんどです。その場合、開示される情報はほぼ1年間固定したままで、ソーシャルメディアリンクでも付けない限り、ステークホルダーの意見を聞いたり対応したりする余地はあまりありません。しかし近年では「紙→ウェブ」の方向性を逆転させ、日々ステークホルダーからの意見や反応を取り入れながら会社の姿勢を機敏に伝えていくやり方でウェブサイト上にCSRや環境関連のコンテンツを作り、それらを印刷物に反映させて「ウェブ→紙」の方向で活動している企業も現れてきました。ステークホルダーとの関係強化とメディア開発費削減の両立が実現でき、印刷物依存だった今までの企業コミュニケーションを変化させることが可能になります。

◉ リスクコミュニケーション

　不祥事の発覚や不測の事態、あるいは災害・事故などは、どの企業においても起こる可能性があります。今まで企業における事故や不祥事、事件などを報道するのは、新聞やテレビなどのマスメディアでした。しかし今ではその場に居合わせた人々が携帯で写真や動画を撮り、ソーシャルメディアにアップします。それらの情報を見た人々は、当事者である企業がどのような対応をするのか、それぞれの企業サイトを訪れ、企業の対応姿勢を確認するのです。

　通常、企業のウェブサイトは通常ニュースや新製品のキャンペーンなど、いわゆる「ハレ」の情報で満たされていますが、社会に大きな影響を与える事故や事件が起きた場合、その通知を「新着情報」の一部に掲載する程度ではとてもお詫びを表しているととらえることはできないですし、一刻を争う事態では一目で必要な情報にたど

り着き、関与者が速やかにアクションをとれるようでなければなりません。最善の対応を行うために、有事の際にトップページ全体を必要な情報のみのページに差し替えることがあります。このような危機対応時のトップページを「シャドーサイト」と呼びます。

○ 人材採用

　企業サイトを活用した人材採用は、企業がサイトを開設した当初より行われています。ネットバブル期など、ゲームやバーチャル体験、インタラクティブコンテンツなどエンターテインメント化が進んだ時期もありましたが、外部エージェントの採用ポータルの興隆により、だいぶ沈静化してきました。企業が採用サイトできれいごとを言ったとしても、応募者は就職活動に特化したソーシャルメディアで情報交換し、面接前に実情や本音を共有しているのが現状です。今後は担当者や経営者が応募者と対話したり、外部のソーシャルサイトと連携しながら運営する事例も増えてくると思われます。

○ インナー・コミュニケーション

　「企業の情報化が進んだのに社内のコミュニケーションは良くならない」という話をよく聞きます。また「紙の社内報が読まれなくなったので廃止して、イントラネットなどウェブを使った情報共有に移行したい」という企業も増えています。しかし実際にイントラネットを導入した企業に話を聞いてみると、ツールの選定や改善ばかりが目的になって、コミュニケーションの課題が解決できていない場合があるようです。事業の理解や企業理念の浸透、品質の向上

あるいは維持、現場の意見の吸い上げなど、コミュニケーションを成功させるためには、それぞれの企業や組織なりの浸透、活用のプロセスを次のようなポイントに着目し、実施しなければなりません。

a. いきなり全社的に導入するのではなく、特定の部門で一定期間の試験運用を行い、検証する。
b. 紙媒体の社内報などに比べ、イントラネットはコストもかからず高効率だが、まずは本来のコミュニケーションにとって最適なメディア・ツールを選ぶ、もしくは組み合わせて活用することを念頭に置く。イントラネットだけですべて行おうとしない。
c. 既存のパッケージソフトは安価だが、不必要な機能まで盛り込まれている場合が多い。むしろ機能を絞りコミュニケーションの目的に沿った情報交換や共有をする方が継続性を維持しやすい。

担当者が導入時に会話の参照事例を用意し、「ものを言いやすい風土」を作っていくのも1つの方法です。

企業サイトの管理方法と運用のポイント

○ サイト運営者としてまず行うこと

多くの企業では専任者をどの部署に置くか、またどのようなスキルセットを持って運営に当たればいいのか、いまだ不明のところが多く、企画制作においてはまだまだ代理店や制作会社に任せっきりというところも少なくありません。仮にリニューアルの必要が生じ

ているとして、何を改善するために行うのか？目標は？評価軸は？は、理論武装する必要があります。

　まず、判断力をつけるためには国内外の多くのサイトを見ることが最も有効です。一般消費者のように第三者的な視点で、自社の競合、規模の近い異業種、合併吸収やニュースで話題の企業などを見ることも有効です。他社の管理者にコンタクトして情報交換するのも有効です。まずは感覚値、経験値を高めることです。

　次に自社ホームページの置かれている状況を次の表のようなポイントから客観的に調査・評価し、把握することが肝要になります。

● 自社ホームページの調査・評価ポイント

a. テクノロジー	b. デザインと表現	c. コミュニケーション
利用しているウェブ技術やプログラム記述など	構成・インターフェース、ビジュアルやデザイン	対象とその目的とコンテンツ

　自社のウェブ戦略を考える上でまず大事なポイントは、サイト運営にかかわるすべての関与者を洗い出してみることです。例えば、ビジネスオーナー（経営者）、コミュニケーション責任者（広報部長）、事業部マーケティングや宣伝、人事、広報、ＩＲなど、社内の担当者、翻ってそれぞれのコミュニケーションの対象（株主、業者、顧客、学生、行政、社員など）、さらには制作や更新管理を担当する業者、代理店など。すなわち情報の出し手と受け手、そしてそれを支える制作、運営管理の4者の相関です。

◎ 予算とコンテンツ管理

　担当者がコストを把握し、生産的に活用するようになれることは社内信用を築く上でも重要です。まだまだ「企業サイトは利益を生まない＝コスト」という意識で見ている会社も多く、前項で述べたような調査や評価から客観的な指標をコストオーナーと共有して当たらなければなりません。いきなり予算をかけて大きなプロジェクトを始めずとも、ニュースリリースの配信から問い合わせを増やす施策、危機管理対策のための対応ページの用意など、小さな改善プロジェクトを積み重ねながら社内の理解と自身の経験値を深め、オンライン・コミュニケーション活動を「コスト」から「プロフィット」に転換していくきっかけを探っていくと良いでしょう。

　ウェブサイトを管理する際の盲点の1つは「コンテンツは増やしていくもの・多ければ多いほど良い」という認識です。それぞれのコンテンツは長年お金をかけて作ったものだから、という理由でなかなか削除できない、という担当者も少なくありませんが、そのためにサイトの構造が深く複雑になり、ユーザーの利便性を逆に損なう場合もあります。もう一度「誰のために」、「何のために」あるコンテンツなのかを問い直し　「自社のウェブサイトをどう使うのか」という運営プランのもと、優先度や取捨選択をしっかり行うと、管理性だけでなくメッセージの伝わりやすいサイトになります。

◎ 発注仕様書とコンペ（競争評価）の方法

　プロジェクトを起こす際、制作会社に出す発注書、いわゆるRFP

（Request for Proposal）の書き方は重要です。そもそも企業サイト開発のプロジェクトで問題が起きるとすれば、このRFPがきちんとしていないということに起因していることが少なくありません。

企業サイトは一度作っておしまい、というものではないので、管理方法や更新プロセスとともに、コンテンツの追加方法や削除整理が容易に行える汎用性も、重要なポイントになります。企画の新規性にばかり目を向けず、管理者として企業サイトを継続的にどう発展させていくか、という視点で業者の選択を行うと良いでしょう。

制作会社決定のためのコンペは、あくまで公平性と最善な施策を選択するために行うわけですが、企画の良しあしやコストなどだけで決定するのではなく、運営管理者や自社の弱みをどう補完してくれるか、企業の考えの理解力、逆にテクノロジーやオンライン・コミュニケーションの特性を分かりやすく伝える力があるか、などを評価しましょう。採用しなかった提案は、企画やクリエイティブ、そのほかの著作権をよそで利用せず制作会社に戻すというのも当然のマナーですが、不採用の理由もきちんと伝えることが肝要です。

インターネットを活用した広報の本質は、単にテクノロジーを用いた機会の創出にとどまらず、広報のあり方そのものに大きな影響を及ぼすところにあると言っても過言ではありません。社内においては経営をはじめ他部門への影響力を強めますし、逆に協力を仰ぐ機会も増えてきます。社外に向けては情報発信優先から共有、対話とコミュニケーションが双方向化、スピードアップしてきています。これからは社員全員が広報マインドを共有し、オンライン・メディアを活用して機敏に対応することが求められる時代です。

第6章

ソーシャルメディアの活用と注意点

ステークホルダー別にみる メリットとリスク

○ ソーシャルメディアが企業活動に及ぼすインパクト

　ソーシャルメディア（P114参照）の普及により、個人のネット上での発言力が急速に強化されています。誰もが気軽に、ツイッターやフェイスブックでランチの様子をアップしたり、個人ブログを開設したり、掲示板に悩み事を書き込んだりできます。自ら発言しなくても、口コミサイトなどに書き込まれたうわさを頼りに、購入する商品を決定するなど、人々の消費行動にも重大な影響を及ぼしています。個人の発言力が強化されるということは、社員も企業も発言（情報発信）しやすくなったことを意味します。この変化は、企業活動にも大きな影響をもたらします。しかも、企業にとって好ましい影響と好ましくない影響、双方を及ぼすことが想定できる、まさに「もろ刃の剣」です。企業の広報活動において、その特徴を理解して、効果的に活用することが、今後いっそう求められるでしょう。企業のステークホルダー（関係者）が発信する情報が及ぼす主な影響を整理すると、次のようなことが考えられます。

(1) 企業の発信

　　［好ましい影響］企業の方針を発信できる機会が増加しました。また、多様化しました。さまざまな立場の人に企業のメッセージを届ける手段が増えたことを意味します。

［好ましくない影響］顧客との接点が拡大することで、企業の発信者もさまざまな立場の人が担うことになります。とりわけ大規模な組織では、一貫性のある対応が困難になりました。
(2) 社員の発信
　　　［好ましい影響］社員個人が世間に認知され、人気のある個性的な社員は、企業イメージを高める役割を担ってくれるようになりました。
　　　［好ましくない影響］社員の何気ない発言が、企業を揺るがす大きなトラブルに発展するケースが散見されるようになりました。
(3) 一般生活者の発信
　　　［好ましい影響］インターネット上で企業やブランドに関する話題が日々飛び交っています。これを拾い集め、読み取ることで生活者の生の声に触れることができます。これらの声はカスタマーセンターなどに電話をかけてくる、直接会社に意見を述べたい人々の声とは異なります。ちょっとした感想や思いつきなど、これまでは、企業が気付くことができなかっ

● ソーシャルメディアが企業活動に及ぼす影響

発信者	一般生活者	社員	企業
好ましい影響	傾聴機会の増大 ポジティブな口コミ	社員のスター化による企業イメージの向上	発信機会の多様化
好ましくない影響	ネガティブな口コミ	不用意な発言・対応による不祥事	顧客窓口の増加による一貫性の困難化

た声です。

［好ましくない影響］企業にとって取り上げてほしくない話題・うわさ・風評が拡散することが考えられます。

これより、それぞれの影響と企業がとれる対策について紹介していきます。

◯ 企業の発信

ソーシャルメディアにより、企業が情報発信する機会は、飛躍的に増加しています。企業ブログでは、ホームページではアピールできない社内の面白い話題や商品の開発過程などをさまざまな部門が担当して、運営しています。フェイスブックやミクシィ、ツイッターなどのソーシャル・ネットワーキング・サービス（SNS）では、企業がアカウントを運営することも、広く普及しています。

NTTレゾナントとループス・コミュニケーションズが発表した

● 自社で公式アカウントを所有しているソーシャルメディア（複数回答）

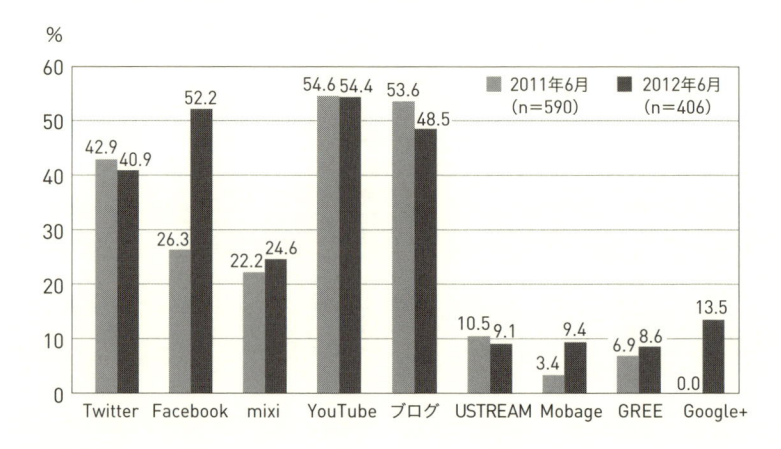

ソーシャルメディア	2011年6月 (n=590)	2012年6月 (n=406)
Twitter	42.9	40.9
Facebook	26.3	52.2
mixi	22.2	24.6
YouTube	54.6	54.4
ブログ	53.6	48.5
USTREAM	10.5	9.1
Mobage	3.4	9.4
GREE	6.9	8.6
Google+	0.0	13.5

第6章　ソーシャルメディアの活用と注意点

「第4回 企業におけるソーシャルメディア活用」に関する調査によると、自社が公式アカウントを所有しているソーシャルメディアとして、ツイッターで40.9％、フェイスブック52.2％、ユーチューブ54.4％、ブログ48.5％との回答を得ています。また、2011年にスタートしたグーグルプラスでも10％を超える企業が公式アカウントを所有しているとしています。

　活用の目的には、企業ブランディング、キャンペーン、広報活動などを挙げる企業が多数ですが、ソーシャルメディアの特性によって使い分けている傾向もうかがえます。

　次の図は、企業自身がインターネット上で情報発信できるメディアとその特性をまとめた図です。

　図中、左側にはより正式な情報ととらえられるメディアを、右側にはよりカジュアルにとらえられるメディアを並べています。プレスリリースは、企業からの正式発表と位置付けられますので、事実を正確に、どのような人が読んでも誤解を招かない表現を心掛けま

● **ネットの情報発信メディアと特性**

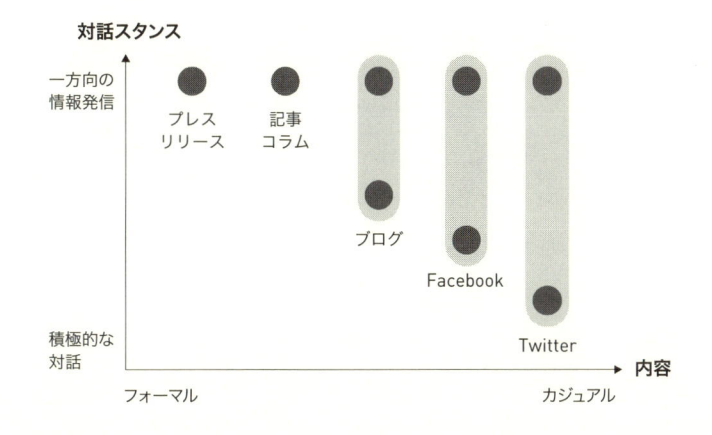

す。

　一方右側のメディアであるツイッターやフェイスブックでは、企業の発信だけでなく、社員の個性を際立たせる活用も目立っています。ツイッターでは@NHK_PR（NHK）、フェイスブックではハム係長（伊藤ハム）などが、柔軟で親しみやすいアカウントの運営を実践しています。

　縦方向は、生活者との対話スタンスを示しています。ニュースリリースやホームページの記事やコラムは、生活者とのコミュニケーションをとる意図はありません。もっぱら情報を発信するメディアです。それに対して、ソーシャルメディアのブログやフェイスブック、ツイッターは双方向で対話が可能です。しかし、これらは、図中でグレーに色付けしたとおり、企業の考え方によって、対話スタンスを設定できます。また、この設定内容を「運用者向けガイドライン」として明文化しておくことで、運用担当者が判断に迷ったときのよりどころが持てたり、担当者が変更になった場合の引き継ぎが円滑に進みます。

　それぞれのソーシャルメディアを企業の情報発信メディアとして活用する場合の特徴を紹介します。

■ブログ

　「こんにちは、〇〇会社〇〇部のXXです……」などと、企業が運営するブログで、発信者の立場が分かるようにした記事を頻繁に投稿しているものが増えています。いろいろな切り口の企業ブログが存在します。社長ブログをはじめ、ゲーム会社の開発者ブログ、レストランのシェフブログなど、運営主体も多彩です。広報部ブログと称

して、広報担当者が発信している企業も少なくありません。目的はさまざまですが、従来の企業サイトで発信していた情報では見られなかった、個人的な性格や趣向なども含めた情報を積極的に発信しています。

とりわけ、広報部門は、本来外部に向け企業の情報を発信する機能を持ちます。当然、会社組織の中では、これらのサービスを利用することが想定されやすい部門です。実際、広報部ブログや、広報部が運営しているフェイスブックページなども多く存在します。日本コカ・コーラ(http://cocacola.weblogs.jp/)では、5人の担当者が名字と顔のイラストイメージをサムネイルにして、イベントやキャンペーン情報、環境活動の様子などを発信しています。

企業がブログを通じた発信を試みる理由（メリット）には、次のようなものがあります。

・カジュアルな話題を提供できるメディアである

前述のとおり、特定の社員目線で、企業の活動を紹介できます。企業の社会貢献活動や、地域住民と交流する様子、社員個人の等身大の姿を紹介することで、企業に対して好感を持ってもらえるかもしれません。また、社員の仕事をしている様子を伝えることは、その社員の家族にどんな仕事をしているのか理解してもらうことにもなります。取引先からも、業務上での付き合いでは知り得なかった、担当者の素顔に触れて、いっそうの親近感を抱いてくれるかもしれません。

・更新の自由度

CMS（コンテンツ・マネジメント・システム）を活用するこ

とが多く、ホームページの更新で必要になってくる通信技術、CSS（カスケーディング・スタイル・シート）や詳細なHTMLなどの専門知識がなくても、コンテンツの更新担当者になることができます。このため、情報を更新する作業の自由度が飛躍的に高まります。

しかも、更新頻度も文字数も写真の大きさも、運用者が、自由に設定することができます。

・拡散パワー

ほとんどのCMSは、更新情報を配信するインターフェースRSS（リッチ・サイト・サマリーもしくはリアリー・シンプル・シンジケーション）に対応しています。このため、所望するブログが更新されたときだけ通知してくれるサービス（RSSリーダー）が活用できます。この機能により、ブログページを訪問することなく、更新を知ることができるようになりました。また、同じようにフェイスブックの「いいね！ボタン」やミクシィの「イイネ！ボタン」、ツイッターの「リツイートボタン」、はてなブックマークの「ブックマークボタン」などのソーシャルボタンを実装することができます。これらのボタンは、ブログ記事をそれぞれのSNSに伝える導線にもなっています。しかも、伝える際には、ボタンを押した人の感想も付加することが可能です。

・対話機能

コメント欄を開放することで、ブログを通じて生活者と対話することも可能です。しかしながら、コメント欄を開放していない企業ブログが多く見られます。これは、さまざまな窓口を開放す

ると企業として責任ある対応がとれない、あるいはとるためには対応体制を用意することが必要であることなどから、敬遠されているのが実情です。なお、ソーシャルメディア上での対話方法については、一般生活者の発信（P145参照）で詳細に説明します。

■ フェイスブック

全世界に9億人もの利用者を抱える、実名登録が原則の巨大ソーシャルネットワークです。企業はフェイスブックページを作成することができます。フェイスブックページを通じて、企業ブログと同様に情報を発信することができます。企業ブログに比べて次のような特徴があります。

・ソーシャルグラフが既に存在

もちろん、フェイスブックページを知ってもらう工夫は必要ですが、企業が個別に、実名による人間関係（ソーシャルグラフ）を構築する必要がありません。つまり利用者は、フェイスブック登録をしていれば、企業ページに参加（コメントを投稿するなど）するために、再度利用者登録する必要がありません。

・「いいね！」ボタンによる拡散

利用者が共感してくれれば、企業の努力とは関係なく、「いいね！」ボタンが押され、情報を拡散してくれます。この機能があるので、フェイスブックページにホームページのプレスリリースを投稿することで、拡散されることも期待できます。もっとも、フェイスブックページが多くの人に見られていなければ、「いいね！」を押す人も少なく、効果はあまり期待できません。

・既製機能・インフラを流用

　フェイスブックが提供する機能を無料で使用できます。サーバなどのインフラ設備も不要ですので、維持管理する保守体制も不要で、多くの企業が、タイムライン投稿やノート機能、アルバム機能を使った情報発信を試みています。ソーシャルグラフを活用した、詳細に対象を絞れる広告機能も魅力です。API（アプリケーション・プログラミング・インターフェース）も公開されているので、連携するアプリケーションを活用したキャンペーン企画を実施することも可能です。半面、いきなりユーザーインターフェースや機能が変更になることも、珍しくありません。また、フェイスブックの利用規約やさまざまなポリシーにのっとって活用することを求められますので、活用シーンを制約されることも少なくありません。また、フェイスブックの判断により、頻繁に仕様変更も実施されます。いかに規模が大きいといえども、1私企業が運営しているサービスであることを理解した上で活用しましょう。

・対話機能

　フェイスブックページを開設すると、漏れなくコメント欄が表示されます。いったん開設すれば、9億人の人々が、コメント投稿してくる可能性があります。人気のフェイスブックページでは、ファン同士が対話することが主になって、運用している企業の発言はほんのわずかといったものも少なくありません。ただ、認知の低い開設当初は、あまりコメントは寄せられません。

　また、寄せられるコメントは、誹謗や中傷といった内容のもの

はほとんど無いでしょう。背景に実名登録の原則があります。このため、あまりに無責任な投稿は控えられている傾向にあります。また、発言をもとに、トラブルが発生することなどを懸念して、投稿を受け付けないスタンスを堅持するケースも少なくありません。心配も理解できますが、本来のフェイスブックページを開設した目的に「生活者との対話」を掲げるのであれば、段階的にでも対話機会を増やす覚悟が必要になります。

■ツイッター

140文字以内のテキストで情報を発信（ツイート）し合うメディアです。利用者数では、フェイスブックには及びませんが、全世界で1.5億人が利用していると言われています。また、漢字を使うことで、英語などと比べて、少ない文字数でより多くの情報を表現できる日本語との親和性も高く、国内でさまざまなシーンで利用されています。女子サッカーの日本代表「なでしこジャパン」が2011年のワールドカップで優勝したときには、1秒間に7200件に迫るツイートがなされ、当時の秒間ツイート発生の世界記録を更新しました。現在の世界記録も、日本の話題です。宮崎駿監督のアニメ映画『天空の城ラピュタ』が地上波テレビで放送された際に、呪文「バルス」を発するタイミングで実に秒間2万5000件に及ぶツイートが発信されています。

・**ゆるい人間関係（ソーシャルグラフ）**

ツイッターは、多くの場合、SNSと考えられます。しかし、フェイスブックほどの厳格な人間関係は定義できません。アカウントは実名ではありませんし、人間関係を定義する主な機能は、フ

ォローする/されるという設定です。ある人をフォローすると、ログインしたときに表示されるページ（タイムラインと言います）に、その人のツイートが表示されるようになります。たくさんの人をフォローすると、タイムラインは、頻繁に更新されるようになります。また、ある人をフォローするときには、相手の承認は必要ありません。つまり、自分がまったく知らない相手にフォローされることもごくごく一般的です。

・他メディアへの導線として活躍

ツイートに含まれる情報は、文字だけですが、URLを含めることができます。ここにユーチューブや写真投稿サイト、ウェブページなどのURLを挿入することで、他メディアを包含した情報を発信することができます。

・リツイートを活用した拡散力

面白いと思ったツイートを見つけたら、リツイートという操作がワンクリックで、簡単にできます。リツイートをすれば、自分をフォローしている利用者に、そのツイートを伝えることができます。またさまざまなウェブページには、リツイートボタンが実装されています。このように、リツイート操作の簡単さに加えて、リツイートボタンを押す機会が拡大していることも、ツイッターの拡散力を高めている要因になっています。また、フェイスブック同様、1私企業の運営しているサービスであることを、理解した上で活用しましょう。

◯ 社員の発信

　一昨年あたりから、社員の無分別な行動がネットで話題になることが特に多くなりました。有名人のプライバシーを暴露するホテル従業員、入社希望者に高圧的な態度をとったメールを送りつけた人事担当者、社内の機密情報を暴露する技術者など、事例の列挙には困りません。彼らの行動によって、企業は窮地に追い込まれることがあります。また、当事者本人にとっても、職場に居づらくなったり、個人の情報がネットにさらされたりして、精神的に追い込まれることも十分に考えられます。

　片や、社員が個人的に書いたブログが評判になる人気者、ソーシャルネットワークを積極的に活用して内外の人脈を広げる社員も着実に増えています。このような社員は、企業の好感度向上にも一役買ってくれます。書籍『エンパワード』（ジョシュ・バーノフ著）では、彼らのことをHERO(Highly Empowered and Resourceful Operatives)と呼び、彼らが活発に行動できるように、企業が支援することの重要性を訴えています。

　企業には、一般の社員が安全にソーシャルメディアと接することができ、HEROが積極的に活動できる環境を整備することが求められます。そのためには、社員のソーシャルメディアの活用実態を把握することが重要になってきます。プライベートで活用しているケースについて、全容を把握することは困難ですが、可能な限り実態を把握することで、注意しなければならないセグメント（リスクセグメント）を見いだすことが可能になります。よく見掛けるリスク

セグメントとしては、
「ネットのリテラシーは高いが、社会人としての自覚が希薄な新入社員」
「ネットのリテラシーが低く、企業内の機密性の高い情報や顧客情報や機微な個人情報を取り扱うことが多い営業担当者」
「企業に対する帰属意識が低いアルバイト」
などがあります。

　リスク評価する観点としては、「マインド」、「リテラシー」、「対話能力」の３基軸を考えるとよいでしょう。

● 情報発信する社員のリスク評価

観点	マインド	リテラシー	対話能力
チェックするポイント（アンケート項目）	・社会人としての一般常識を持ち合わせているか？ ・会社やブランドに対して愛着を持っているか？	・ソーシャルメディアを使い慣れているか？ ・トラブルのケースを把握しているか？	・普段から対話慣れしているか？ ・円滑な人間関係を築けているか？
脅威	・守秘義務／会社規則の逸脱 ・会社／製品の悪口	・コミュニケーションの断絶 ・開示範囲の認識不足 ・トラブル発生時に対応不能	・反感を買う発言 ・好戦的な態度 ・コミュニケーションの不成立

　リスクセグメントが把握できた段階で、会社が期待するネット上での行動を伝え、理解と実践を促すため機会を設けます。具体的に

は、「社員向けガイドライン」作成とそれを浸透させるための啓発教育を企画することが考えられます。このときに、次のことを留意した施策を検討しましょう。

▶禁止事項の羅列にならないように配慮しましょう。どうしても社員が会社に与える損害を懸念して、禁止事例集のような社員向けガイドラインが作成される傾向にあります。盛り込むポイントとしては、

- 企業の考え（ソーシャルメディアをどのように活用しようとしているか。実際の活用状況を説明する）
- 社員に取り組んでほしい行動（企業・個人両方にとってメリットとなる行動を推奨する）
- 社員に謹んでほしい行動（企業が被る損害を避けるだけでなく、個人の生活を守るために大切であることを説明する）
- 業務で活用する場合の手続き（個人利用と企業利用の整理）

▶脅威が懸念されるポイントを当該セグメントの社員が理解できる言葉や実感できる事例を盛り込みましょう。このため、リスクセグメントの種類によって、社員向けガイドラインの説明資料はセグメント別に複数用意することが必要になります。また、一方的に内容を説明する座学だけでなく、社員が考えて、意見が言えるワークショップ形式のメニューを用意することで、より理解を深めることが可能になります。

▶会社のルール（就業規則や服務規律）と矛盾がない内容であることを確認しましょう。通常、社員向けガイドラインは、服務規律などで包含される内容をネットでの行動にフォーカスしてまとめ

ます。例えば、どんな会社でも、服務規律で「会社に損害を与える行為は禁止」と規定されているでしょう。これを、より具体的に社員には「お客さまとの商談の様子をネットに書き込むと、ライバル企業に機密情報を漏らすことになるだけでなく、会社が守秘義務違反に問われることも考えられます」といった具体的な会社への影響を明示します。

一方、HERO社員は、本来目立つ存在ですが、大規模な企業では、「知る人ぞ知る存在」であることも考えられます。傾聴活動や同僚の社員の推薦によって発掘することも考えましょう。また、彼らの活動を阻害しないように、一般社員よりも諸制度の制約を緩和することも考えられます。例えば、

▶一般社員は、業務時間中のネット投稿は禁止するが、HERO社員は許可する。

▶会社に関する意見が投稿された場合、一般社員には、独断で返答せずに関係部署に連絡するように義務付けるが、HEROは独断で返答をしてもよいとする。

などが考えられます。また、このような権利を増やす代わりに、義務として、次のようなことを課すことで、会社全体のレベルアップに貢献してもらうことが考えられます。

▶自らが発信するソーシャルメディア・アカウントは、すべて会社に申告すること

▶周囲の社員のネットリテラシーが高まるように、指導すること

◯ 一般生活者の発信

　生活者の発信を企業がコントロールすることは不可能です。企業にできることは、その声に耳を傾け、対話を試みることです。

　次の図に、本格的にソーシャルメディアアカウントで対話を始めるまでのステップをまとめてみました。アクティブ・サポートだけにとどまらず、利用者から投稿されたコメントに返答する場合でも、同様のステップを推奨します。

・**ステップ１　傾聴**

　まずは、傾聴活動です。ネット上で企業やブランドがどのように語られているかを把握します。非常に評判の悪い話題がまん延しているところで、ソーシャルメディアアカウントを立ち上げれ

● ソーシャルメディアアカウントで対話を始めるまでのステップ

交流の進化	傾聴	発信	対話
目的	口コミ実態の把握	公式アカウントを開設し等身大の会社を訴求	生活者とのより親密な関係性の構築
実施内容	・どのような話題／意見があるか？ ・どのような人が語っているか？ ・どのような場所（サービス）で語られているか	これまでのメディアで伝えられなかった会社の情報を発信 ・就業の様子 ・会社のイベント ・社員の紹介 ・会社のウンチク ・社会貢献活動　など	段階的に対話内容を高度化 軽いトーク （あいさつ、お礼） ↓ おしかりに対する謝罪 ↓ 生活者との対話
	訴求すべきポイントの把握	寄せられたコメントなどをもとに対話スタンスを整理	対話の内容を関係部門と共有

ば、対話どころかクレームが殺到するかもしれません。この場合には、クレームを積極的に受け付け、誠実に対応することで、ネガティブなイメージを改善していくことが、アカウント創設、そのアカウントを通じての対話の目的になります。これらに対応できる運用スタッフを組織化することが必要になります。傾聴の結果、あまり話題にされていない実態を認識できるケースがあります。この場合には、より多くの方に企業を知ってもらう、親近感を持ってもらうことが目的になります。また、ある特定の話題が顕著に見られる場合には、その内容が生活者の関心事であることが想定できます。

このように、「傾聴」活動により、ソーシャルメディアアカウントから発信すると効果のある情報を把握することが可能になります。

- **ステップ２　発信**

ソーシャルメディアアカウントを開設します。開設に先立ち、アカウントの運用目的を定め、それに従った、運用ルールや提供する情報を設計しましょう。HERO社員が運用を担当する場合には、詳細なルールを決める必要はありませんが、それほどソーシャルメディアの利用経験のない担当者を任命する場合には、運用者向けのガイドラインを用意し、運用ルールを決めておきます。いかに利用規約に、「このアカウントで発信する内容は、会社を代表する意見を述べているものではない」旨を明記したとしても、読者は代表した意見と受け取ります。この中で、運用担当者が独自の判断で対応できる事案を明確にしておきます。これは、

参加者に混乱を与えない準備であるとともに、運用担当者を守る配慮でもあります。

発信するコンテンツは目的に沿ったもの、傾聴で得られた訴求するべきポイントを考慮したものを企画しましょう。また、寄せられやすいコメントを想定して、どのような対話をすればよいかを、シミュレーションをしていきましょう。対話スタンスが決まれば、運用者向けガイドラインに、その内容を反映させましょう。

・**ステップ3　対話**

いよいよ、対話を始めます。対話内容もさまざまなケースがあります。対話と決めたら、「すべての発言に反応しなければならない」というものでもありません。運用体制や対話の状況を見ながら、対応範囲を徐々に拡大していくことも、安全な運用には効果的です。例えば、ツイッターで傾聴した結果、話し掛けた方が好ましいツイートを見つけて、能動的に対話を試みるアクティブサポートを考えてみましょう。

まずは、反発を受けにくい軽い話題に反応してみます。例えば、食料メーカーであれば、「今日、○○食べた。おいしかったよ」といったツイートに、「お買い上げありがとうございました。喜んでいただきうれしいです！」といった返信をします。このような対話をみて、ネガティブな感情を抱く人は、まずいません。次の段階では、質問や疑問に対する返答をしていきます。回答になるホームページのURLを案内したり、誤解を招かないように注意して返信をしていきます。さらにその次の段階で、クレームに反応していきます。「○○の袋は開けにくいんだよね～」といっ

たツイートに、「ご不便をおかけして申し訳ございません。ご意見をもとに、改善を検討していきます」といった返信をします。ただし、このような返信をする以上、実際に改善を検討することと、その結果を開示することが求められます。

　これらの反応をチェックして、対話方法を改善しながら、対象とする範囲を広げていきます。また、対話は生活者とだけでなく、社内の関連部署にもその内容を共有することがとても大切です。新たな気付きを得られたり、好意的な意見は、社員の励みにもなるでしょう。企業のソーシャルメディア運用は、生活者と運用担当者だけではなく、社員全員が対話に参加することで、その効果は最大化されるのです。

　以上、それぞれの立場の人がソーシャルメディア上で発信する際の、企業の対処ポイントについて説明しました。ソーシャルメディアの活用を通じて、企業が生活者だけでなく、社員に愛されるきっかけを創出できれば素晴らしいですね。

第 **7** 章

広報効果の考え方と測定方法

なぜ広報効果測定が必要か

◯ 広報の効果測定が求められる背景

　広報部門がありスタッフが存在する以上、広報効果測定は、不可欠です。業績考課の面では、広報部門全体として、またメンバーとしてどんなパフォーマンスを達成したのか評価しなければなりません。さらには広報活動が企業にどのような利益をもたらしたかも明確にしなければなりません。

　ところで、経済広報センター「第11回企業の広報活動に関する意識実態調査」では、広報部門が日ごろ抱えている悩みとして、全体の70％弱の企業が「広報活動の効果測定が難しいこと」を挙げています。この調査は3年に1度のペースで行われていますが、2005年から6年を経ても1ポイントほども改善されていないところを見ると、永遠の課題と思われるほどです。

　また、同調査で、広報活動の成果目標として何を設定しているかでは、「プロセス目標」（例：月間記者発表数）が46.6％、「アウトプット目標」（例：メディアへの掲載数）が30.8％、「特になし」が34.2％となっています。

　また、広報効果測定指標では、「新聞などに報道された文字数・行数・頻度」が47.4％でトップ、「記事・報道を『プラス』『マイナス』『中立』などに分類し測定」が30.3％、「マスコミ各社の注目度」

(例：取材依頼件数）が23.1％と、報道分析による効果測定が主流となっています。注目すべきは、「特に指標がない」という回答をした会社が22.2％もあることです。

この3つの調査結果を要約すると、
・企業の70％弱が広報活動の効果測定に悩んでいる
・企業の30％強が広報活動に際しての目標がない
・企業の20％強が広報活動の具体的な効果測定の指標がない
ということになり、いかに広報効果測定が難しいかが分かります。

◯ 広報効果測定の問題点

広報効果測定が大きなテーマであり続けている1つの原因は、「純粋な広報効果が分離できない」ことにあります。例えば、新製品発表が大きく報道され、売上が拡大したとして、それが広報活動だけの成果なのか製品の力なのか、営業部門の努力なのか、あるいは、それらがどのような割合で効果を発揮しているのか分析することは極めて困難です。

こうした悩みに対して、多くの広報効果測定手法が提案されています。ただ、多くは、複雑な算式が絡んで高度に専門的なために、一般の広報担当者の理解能力を超えていますし、トップからも「高いお金を払って、わけの分からないことをしている」と言われかねません。

ここでは、普通の会社の、普通の広報体制で、経験の浅い広報担当者の、身の丈にあった実務的な効果測定の方法について紹介します。

◎ 2つの広報効果測定

　広報効果測定は、広報活動の成果を客観的な数値に換算して広報計画と実績とを比較分析し、次のステップにつなげていくPDCAサイクルを回すために不可欠な要素です。

　大きく分けて「広報部門にとっての効果測定」と「企業マネジメントにとっての効果測定」の2つのアプローチがあります。

　「広報部門にとっての効果測定」とは、その都度、あるいは1カ月、半年、1年などの広報部門の業務成果を見える化することです。

　「企業マネジメントにとっての効果測定」とは、広報活動が企業ブランドをどのように形成して企業の競争力にどれほどの貢献をしたかを見える化することです。

　この2つのアプローチを明確に分けておかないことが、広報効果測定を難しくしている1つの原因です。

広報部門にとっての効果測定

　効果測定では、効果の「目標」とそれを達成するための「計画」の策定が必要です。目標と計画、結果を対比して、初めて効果測定が生きてきます。

◎ 広報活動目標の策定

　広報部門は、「記者の背後にいる読者の目」を意識して、ターゲ

ットのステークホルダー（企業を取り巻く関係者）にふさわしい発表方法、ふさわしい媒体での報道展開を目指した計画を立案しなければなりません。

目標設定では次のような事項をできるだけ具体化・数値化します。

① 年間広報活動スケジュール表の作成

年間広報活動スケジュール表により、発表案件や広報部門独自による広報活動(工場見学会など)と社内外の行事との重複を調整し、目的に合致した発表予定日、主要発表予定者などを決定します。

② 年間発表件数計画

年間広報活動スケジュール表をもとに、広報部門の目標として、年間目標発表件数、発表案件と担当者などの情報を共有します。

③ ベンチマーク（比較のための指標）企業の設定

広報効果測定は、自社のみではなく、ベンチマーク企業との相対的な位置関係を比較分析することが大切です。

ベンチマーク企業には、社外から比較されることが多い競合企業、類似形態の企業、同一地域の企業、経営層が日ごろから意識している企業を選択することにより、社内全体から高い関心を持ってもらえます。

○ 広報実績の効果測定

広報成果の測定には、個々の発表や取材対応の結果の成果測定と、一定期間を通した成果測定があります。

①個別広報記事・報道の成果測定

個々の発表や取材対応の成果について測定します。

①-1 報道媒体調査

　理想的にはできるだけ多くの報道機関をマークするべきですが、報道頻度が少ない企業であれば、格別に調査対象を広げる必要はありません。日ごろ重要と認識してクリッピングしている次の媒体の範囲で行います。
・新聞　全国紙、所在地の地方紙、業界紙
・雑誌　主要経営誌、ビジネス誌、技術誌、一般の主要週刊誌
・テレビ、ラジオ

　テレビ・ラジオに知らないうちに報道されることは、まずありません。報道される場合は事前にコンタクトがあるはずですので、そのときにのみ調査します。

①-2 報道内容の事実評価と周知

　企業情報には、「公表された事実」と「公表されていない事実」とがあります。「公表されていない事実」には社外秘も含まれます。

　広報部門の任務は、「社内外情報発信の元締め」として、「公表された事実」を最新の状態で社内に周知徹底させ、逆に「公表されていない事実」が決して発信されないよう統制することです。

　記者発表や取材対応によって「公表された事実」が刻々と変わりますので、迅速な確認と周知作業が必要です。

　取材時の「公表された事実」を逸脱する発言は、トップの発言といえども、その場で公表可否を再確認し、可であれば速やかに関係部門に新たに発表された内容を伝えます。

　クリッピングも、単に報道された内容を周知させるものではな

く、「事実」を明確に伝える手段ですので、必ず、次の各項目に関するコメントを付して全社的に周知・共有させることが大切です。
- 当社が発信した部分
- 記者独自の取材や判断の部分
- 報道内容の誤りの部分と正しい内容
- 対外的に取り扱いを注意するべき部分と対応方法

①-3 報道媒体評価

　媒体の価値を点数化するものですが、特に定められた基準はありません。最も記事が掲載されやすい業界専門紙を基準ポイントとして、ほかの媒体のポイントを調整します。

　調整方法は、広告料金比や購読者数比で算出し、特に報道の増大を進めたいターゲット媒体には加点します。

①-4 招待記者数と出席記者数実績評価

　実際の発表においては、一般紙・誌、専門紙・誌、テレビ、ラジオ、ネットなどに分類して、特に来てほしかった記者が来なかった場合の理由を確認し、次回の発表時の発表日時、案内方法設定の際に配慮します。

①-5 報道効果の評価

　報道の件数、報道のインパクト、報道の量、報道のトーンの4つの要素を点数化して、評価します。

- 報道件数
- 報道のインパクト

　自社の記事が掲載される紙面は、一般紙なら経済面、専門紙な

ら業界面とほぼ決まっています。これを基準ポイントとして、次のような視点で評価ポイントを決定します。

- 掲載紙面加減点(一面掲載加点、地域版掲載減点、夕刊減点など)
- トップ記事加点
- 大見出し加点
- 特別記事、枠入り記事加点
- 写真・図表入り加点（社長、企業ロゴ、商品ロゴ、カラー、モノクロなど）

・報道の量

　量的な評価をしますが、基準となるスペースを決めることが困難です。まず、広告金額換算をし、これをもとに、100万円につき1ポイントといった評価をします。

・報道の広告金額換算

　広告費換算は、記事面積相当を広告として購入する金額として評価するもので、具体的かつ印象的に社内にアピールできる指標です。換算方法は、広告定価表に従って面積に応じて算出します。

・報道のトーン

　報道のトーン評価については、「広報部門にとっての効果測定」と「企業マネジメントにとっての効果測定」にしっかり分けて対処しないと混乱の元となります。

　「広報部門にとっての効果測定」では、あまり神経質にならず、せいぜい「極めて深刻なダメージ」—「中立」—「極めて大きなプラス」の3分類程度とし、決算発表など「日常の企業経営の過

程で発生する事実」の報道であれば、ほとんどは「中立」に分類します。不振な決算記事でも、マスコミが取り上げる代表的な企業というイメージ形成の側面もあるので、金額換算もゼロやマイナスにしないで、2分の1、3分の1といった減額にとどめます。

　企業の大きな不祥事などめったにありませんが「極端なダメージ」を与える事柄は、金額換算の2倍、3倍……の損失換算とします。ただし、この場合、企業ブランドへのダメージ要因として「企業マネジメントにとっての効果測定」の範疇で評価するべきで、「広報部門にとっての効果測定」で評価するべきものではありません。

　広報部門の大切な任務の1つに、ステークホルダーに必要な企業情報を適時適切に発信することが挙げられます。たとえ不都合な事実が発生した場合でも、部員がこの姿勢を貫いて安心して広報活動を遂行するためにも、広報部門や部員の業績考課などでは「結果よりもプロセス重視」に徹するべきです。

①-6 広報努力

　単にニュースリリースを発信しただけではなく、報道してもらうよう特別な仕掛けや働き掛けをした場合に、広報努力として加点します。逆に、明らかに広報部門の重大なミスには、一定の減点をします。

①-7 読者からの反響

　発表後、3日間程度の間に広報部門および関係先に来た問い合わせなどの件数と内容概略をまとめ、報道の反響を評価します。商談や好意的な反響などについては加点します。

①-8 そのほかのメディアの効果測定

　従来のマスコミ4媒体以外のポータルサイトのニュースサイト、ネットニュース、自社ウェブサイト、ツイッター、フェイスブック、ユーチューブなどの広報効果測定にも関心が高まっています。しかし、雑誌『広報会議』2012年3月号の企業210社に対する調査では「ソーシャルメディア活用の効果測定を行っていない企業」が74％と、まだ手法が確立されていません。

　効果測定に関するさまざまな手法が提案されていますが、相応のコストがかかります。「広報部門にとっての効果測定」だけであれば、次のような評価項目とします。

・自社ウェブサイト
　　訪問（ビジット）数、ユニークユーザー数（訪問した人の数）、ページビュー数（閲覧された回数）、広報関連ページの滞在時間、検索キーワード、新規掲載情報の閲覧数…掲載日から3日間程度

・ポータルサイトのニュースサイト、ネットニュース
　　掲載件数、文字数、アクセス数、アクセスランキング

・ツイッター
　　ツイート数、フォロー数、フォロワー数、リツイート数

・フェイスブック
　　いいね数、コメント数、シェア数

・ユーチューブ
　　再生回数

　これらの各要素を加味した評価用フォームの様式を参考として付

第 7 章　広報効果の考え方と測定方法

● **記事・報道実績表（例）**

テーマ		発表日	年　　月　　日　　時〜					記者名			
発表者		場所	記者クラブ・自社（　　　　　　　　　）								
発表方法		クラブ発表・招待発表／リリースのみ・レク付・デモ付／取材／（　　　　　　　　　　　　　）									

大分類		媒体名	報道基礎点	加点							合計	広告費換算	
				一面	ページトップ	囲み・特別	大見出し	面積1点/100万円	写真・図	広報努力		掲載金額	ブランドマイナス金額
				2	2	2	1	1	1	2		100万円	100万円
新聞	一般紙	A新聞	10										
		…	7										
	地方紙	…	5										
	専門紙	…	5										
		…	4										
雑誌	経済誌	…	4										
		…	3										
	技術誌	…	4										
	週刊誌	…	3										
電波	TV	全国Aテレビ	20										
		地方Bテレビ	5										
	ラジオ	全国Aラジオ	3										
		地方Bラジオ	2										
合計													

大分類	媒体名	報道基礎点	加点						合計
			ランキング	アクセス	フォロー	いいね	再生	広報努力	
			テキスト10件/3日以内につき1	20位以内3、10位以内5	1000件につき3	100件につき3	100件につき3	100件につき3	2	
ポータルサイト・ニュース	AAA	3							
ネット・ニュース	BBB	3							
ソーシャルメディア	Facebook	1							
	Twitter	1							
	YouTube	1							
自社WEB		1							
合計									

問い合わせ者	問い合わせ内容	基礎点	加点	合計
		1	1/商談・好意	
合計				

合計ポイント	

ポイント数は例示

けておきます。表中のポイント数は、例示です。各社の重要目標とする媒体、広告料金、ターゲットとする読者数、記事掲載の困難度など媒体に対する評価に従ってポイント数を定めてください。

　大切なことは、広報効果測定によって、広報部門がPDCAのサイクルを回すためには、「一度決めた基準をできるだけ崩さない」で「比較のデータを安定化させ」、「長期間継続」させる仕組みを作ることです。

② 年間広報記事・報道の成果測定

　年間の広報効果測定では、年間達成目標と実績との比較分析をします。

・年間発表件数計画：発表実績数：同前年度実績
・年間取材依頼件数：対応件数：同前年実績
・年間記事・報道本数：同前年実績
・年間発表案件の内容別分類：同前年実績

　「市場向け」、「リクルーティング向け」、「一般社会向け」、「投資家向け」程度に分類します。

・ベンチマーク企業との指標比較
　・年間発表件数
　・発表案件の内容別分類

　ベンチマーク企業の発表実績は、ウェブサイトのニュースリリース一覧によるのが、簡便で実務的です。

　内容別分類の比較から、広報姿勢や広報視点の差異を知り、今後の対策につなげます。

企業マネジメントにとっての効果測定

　これまでは、広報部門のパフォーマンスの評価として、発信、報道の実績に重きを置いていました。

　ところで、広報の究極の使命とは、「ステークホルダーに対してコーポレート・ブランドの価値を向上させることを通じて企業価値の最大化を図ること」と言われます。

　要するに、ターゲット・ステークホルダーが最も重視する企業イメージを広報活動によって最大限に引き上げ、その結果、ステークホルダーが経営目標の実現に向けて積極的に協力してくれるよう変化させることです。

　「企業マネジメントにとっての効果測定」とは、広報活動による情報発信がどれほどターゲット・ステークホルダーに到達し、変化を起こしているかを測定することです。

　ここでは、理解をしやすいよう、村田製作所の実例を併記しながら説明します。

◯ 広報活動目標の策定

① 最優先ターゲットとするステークホルダーの決定

　企業の中長期戦略(ビジョン)を実現するために最重要なターゲット・ステークホルダーを決定します。多くは、企業経営の3大要素であるヒト、モノ、カネに関係する人材、市場、投資家などがそれに当たり

ます。

典型的なBtoB企業である村田製作所は、1990年前後に、大学生の採用環境が極端に悪化し、これが将来の発展にとって重大な障害になるとの危機認識に至りました。そこで、ターゲット・ステークホルダーを大学生に絞り込みました。

② **評価項目の決定**

・**直接的指標**

ターゲット・ステークホルダーが、企業を総体としてどのように意識しているかを測定する指標です。

・企業認知(知名)度
・一流評価
・好感度
・株購入意向
・就職意向

などがありますが、中でも、企業認知(知名)度は、一流評価や好感度を向上させ、株購入意向や就職意向を引き上げる、最も基本的で重要な要素です。

村田製作所は、「就職意向」と就職意向に大きな影響を与える「企業認知(知名)度」を直接的指標としました。

・**間接的指標**

ターゲット・ステークホルダーが、直接的指標に関する評価レベルを形成する上で重視する指標です。

例えば「日経企業イメージ調査」の調査項目には、次のような指標があります。

- マーケティングイメージ…親しさ など
- 個性イメージ…個性、センス など
- 技術イメージ…研究開発・商品開発力、技術力 など
- 活力イメージ…活気、成長力、国際化 など
- 企業力イメージ…優秀な人材、優秀な経営者 など
- のれんイメージ…伝統 など
- 社会貢献イメージ…地球環境への配慮 など

　村田製作所は、技術系大学生が就職意向の形成に際して重視する、技術イメージ（研究開発・商品開発力、技術力）、活力イメージ（活気、成長力）、企業力イメージ（人材）、個性イメージ(個性)の4イメージ6項目を間接的指標としました。

◯ 計画

　次の事項を決定します。
- ターゲットとするステークホルダーの評価レベルを、いつまでに、どのレベルまで高めるかの定量的目標
- ターゲットとするステークホルダーの特性にふさわしいメッセージ
- ターゲットとするステークホルダーの特性にふさわしいメッセージのスタイル
- ターゲットとするステークホルダーの特性にふさわしいメディア
- 使用可能な予算

　さらに、少額のコストで効率な企業広報活動を実践するため、次の条件を詳細に絞り込みます。

- 地域　全国レベル、大都市圏レベル、県レベルなど
- 手段　広報、広告、イベント、展示会、説明会など
- 媒体　新聞・雑誌（一般紙誌、専門紙誌、地方紙）、
　　　　テレビ、ラジオ、自社ウェブサイト、ポータルサイトなど
- 時期　月、期間など

　BtoB企業のように極端に知名度が低い企業は、マスコミに依存した広報活動だけでは、ターゲット・ステークホルダーに注目してもらえず、情報が到達しません。そのためには、企業広告によって一挙に知名度を高めることが必要です。広告が知名度と関心を高め、記事が信頼性を高めるわけです。

　広告は広報ではないという考え方が根強くあります。広報機能と広告機能が一緒にあるのはうさんくさいというマスコミ関係者もいます。しかし、広告といえども自画自賛や誇張がまかり通る時代ではありません。

　マスコミが光を当てたがる企業の側面と、企業がアピールしたい企業の側面とがあり、企業広告は後者の広報手段です。広報と広告を一本化することで、企業の戦略とベクトルを合わせたブランド構築が可能になるのです。

　村田製作所は、「知名度を高めて、就職意向をベンチマーク企業トップと同等まで高める」ことを目標に、「エレクトロニクス部品メーカー村田製作所」の企業ブランドを「技術志向・研究開発型企業」イメージで作り上げていくこととし、それまで約3000万円程度であった企業広報・広告予算を1991年には約3億円計上しました。実施に当たっては地域、媒体、時期などの要素を徹底的に絞り

込んで、「大学生が最も多い関東圏」中心に、「大学生が好んで見るテレビ局と、就職対策用一般紙」に、「就職活動期直前の年末から年始にかけた約10日間」において、集中的に実施しました。

◉ 広報成果の確認

　成果として企業経営の実態がターゲットとするステークホルダーに正しく理解され、企業ブランドとして確立されているかを、評価項目の決定（P162参照）で挙げた直接的指標と間接的指標のそれぞれについて測定します。

　独自に調査する方法と、マスコミや調査期間が実施している二次データを利用する方法とがありますが、特殊な調査でない限り、コスト面でもデータの豊富さでも二次データの利用が便利です。

　日本経済新聞社の「日経企業イメージ調査」は、1988年から日本の主要企業約1200社（2010年からは約600社）の企業認知(知名)度、一流評価、好感度、株購入意向、就職意向や研究開発力、技術力、活気ある社員、優れた人材、高い成長力、将来性など27項目について、継続調査しています。自社調査でもこれに調査項目を準拠させれば、他社との比較も可能で、貴重なデータです。

◉ 経営トップ、全社への報告

　企業ブランドに対する評価の変化は、中長期の経営に影響を与えますから、各イメージの現状とベンチマーク企業との比較分析を経営トップへ報告し、ターゲット・ステークホルダーに対して形成しきれていないイメージを高める対策を決定します。また、特にイメ

ージの極端な悪化は、企業経営にボディーブローのように影響を及ぼしますから、迅速な対策を決定することが必要です。

さらに、全社方針発表会や経営会議、社内報などを通じて全部門、全社員にも現状と問題点、対策を周知させなければなりません。ブランド評価の向上は、広報部門の業務だけで達成されるものではなく、全社全部門・全社員の意識と実践によって達成されるものなのです。

大切なことは、単年度のアップ・ダウンに一喜一憂するのではなく、長期にわたってのトレンドを冷静に分析評価することです。

◯ 村田製作所の成果

村田製作所は、「人材の確保」を一貫した課題として、目標とする指標の変化に従って新たな目標を立てながら約23年間企業広報・広告を継続してきました。

その結果として、認知度（知名度）、就職意向とも目標とするベンチマーク企業と拮抗するレベルになりました。

また、次のグラフのとおり、「日経企業イメージ調査」の主要企業約1200社（2010年からは約600社）の中でも、就職意向は1990年の853位から100位台に上昇し、就職意向形成に影響を及ぼす企業イメージ6項目も、ほぼ安定的に上位100位内と、最終商品を一切持たないBtoB企業では、トップクラスの地位を維持するようになりました。

人材確保を大きな目標にした企業広報・広告活動でしたが、各種イメージの向上は、波及効果として新規市場開拓、社員活性化、地

第 7 章　広報効果の考え方と測定方法

● 村田製作所イメージランキング推移

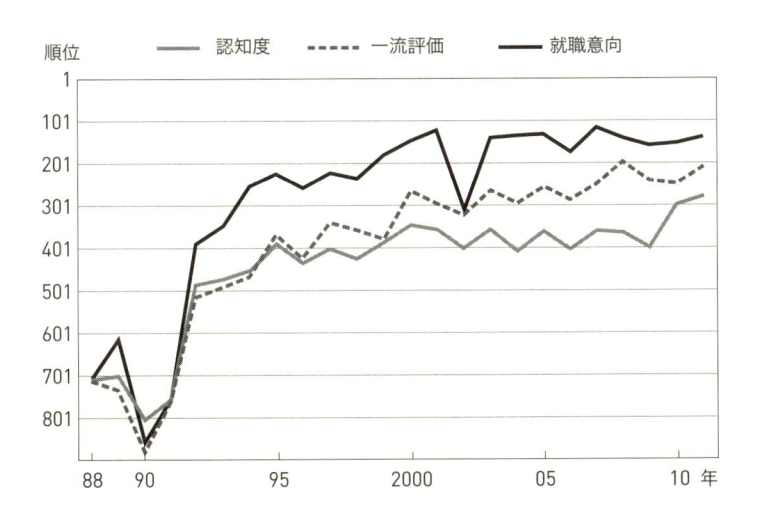

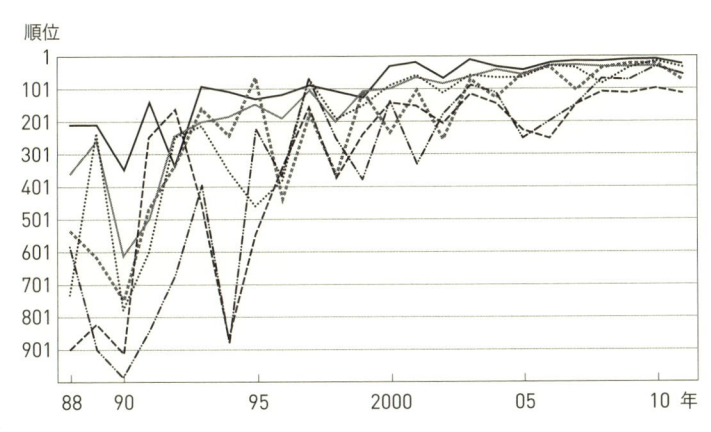

域社会の理解などにもつながりました。
　限られた予算や組織のもとでは、ターゲット・ステークホルダーや訴求メッセージ、手段を拡散させず、一点集中して継続することが成功のこつであり、それがほかのステークホルダーにも好影響を与える結果となるのです。

第8章

危機発生から
収束までの広報の動き

🔊 緊急時の広報体制と役割

○ 社会にはマスコミを通した情報がすべて

　企業危機が発生したときには、マスコミからいや応なく取材が殺到し、大々的に報道されます。BtoCの企業もBtoBの企業も、上場企業も非上場企業も、大企業も中小企業も例外ではありません。

　社会はマスコミ報道を通じて企業不祥事を知り、しかもマスコミ報道以外に情報を得る手段がありません。そのマスコミ報道で得た情報をもとにブログやツイッターでは、主観を交えた情報がさらに急速に拡大していきます。つまり、すべての情報源はマスコミ報道にあるわけです。ユッケによる食中毒死亡事故を起こした北陸の某焼き肉チェーン店のケースなどはその代表的事例です。事故発生後に記者会見で社長が責任回避的な発言をしたことが社会的批判を浴び、さらに土下座して謝罪したシーンがテレビ報道で流れ、ブログでも非難の声が拡大していき、結果的にこの会社を倒産に追い詰めてしまいました。九州地方の某社の化粧せっけんで重篤なアレルギー事故が多発したケースも、マスコミ報道によって社会は初めてこの問題を知るところとなりました。その後、この会社が受けたダメージは計り知れません。

　このように危機発生時のマスコミ報道が、社会に与えるその後の企業イメージを大きく左右するため、危機発生時の広報、つまり「危

機管理広報」は、どの企業も重視する時代になりました。広報担当者にとっては、基本業務である「企業情報の発信」とともに、万一に備えて「危機管理広報」について習得することが必須の要件になりました。

◎ 危機発生時の広報の役割

　企業の組織は、どの企業も平常時を想定した組織体制になっています。しかし、緊急時にはその組織体制は必ずしもうまく機能するとは限りません。例えば、高速道路の設計は事故が起きない前提で作られ時速80キロとかを決めているわけですが、事故発生時には制限速度80キロは意味がなくなりますし渋滞が続きます。高速道路として機能しなくなります。同じように企業の組織も平常時を想定して最も効率よく機能するように組み立てられています。従って、緊急事態発生時には必ずしもその組織が目的に合致した機能にはなりません。広報担当も同じです。危機発生時には通常の広報の役割とは違います。

　緊急事態発生時には、普段とはまったく違うマスコミから電話の問い合わせが殺到したり、会社に取材が押し寄せたりします。そのような状況で、緊急事態発生時の広報の役割は、端的に、次の2つに集約できます。

　第1は殺到するマスコミ取材の「交通整理役を果たすこと」。

　第2は「緊急記者会見を取り仕切ること」。

　第1の課題「交通整理役を果たすこと」とは、具体的に言えば「緊急記者会見」は不可避であることを認識して、それをトップに伝え

進言することです。トップとしては「できることなら記者会見は避けたい」という気持ちがあるかもしれません。その気持ちは分かりますが、殺到する取材が現実に起きている場合は、マスコミ側が記者会見を求めてくることは避けられません。もし、記者会見をしなかったら、記者やカメラマンはトップのコメントと表情を撮るために、出勤前や退社時を狙ってトップの自宅や会社に押しかけるかもしれません。いわゆる"夜打ち朝駆け"と呼ばれる取材です。このような取材では決して好意的な報道トーンは期待できません。また、社会から見ても「逃げ回っているのでは……？」という印象を与えます。「起きてしまったことはやむを得ない」という認識のもとに緊急記者会見を実施する方が望ましいといえます。説明責任の姿勢を伝える意味からも、企業の自助努力を示す上でも大切だからです。

　第2の「緊急記者会見を取り仕切ること」とは、後述する「謝罪会見釈明会見の開き方」で具体的な内容について触れますが、一般に、緊急記者会見の経験や知識は、社内では誰も持っていないのが普通です。もし、経験豊富な会社があったとしたら、危機管理がまったくなっていない会社ということになります。そのような混乱している状況下で緊急記者会見の準備をし、トップの記者会見をサポートし、記者会見という重大イベントを取り仕切るというのは、広報しかできません。それが広報担当の役割なのです。

◉ 緊急時の広報体制

　緊急事態発生時は、いわゆる「5W1H」がまだ把握できていない場合がほとんどです。このために情報の収集と一元化を図るため「緊

急対策本部」を設けるわけです。緊急時の広報体制で一番大切なのは、この「緊急対策本部」の構成メンバーとして、広報担当責任者が入っていることです。もっと言えば、広報の機能自体をこの「対策本部」内に移すことです。

　緊急事態発生時は情報が錯綜し、さらにマスコミ、顧客、株主、取引先、地元住民、役所などさまざまなところから問い合わせが殺到します。あらゆる問い合わせや情報を集中管理し、それを判断し、しかるべき部署に指示するのが対策本部の役割ですが、広報担当としてこれらの動きを把握していなければ、マスコミからの問い合わせに答えられません。既に対策本部でも把握している情報をマスコミから問われて、広報が別のフロアにいたため、それを知らずに「まだそのような情報は把握しておりません」などと答えた場合、広報の信頼性は一挙に失墜してしまいます。

　「広報は会社の顔」、「広報はトップの代弁役」——と言われますが、この言葉は、緊急時の広報の役割でもまったく同じです。そのためには広報体制をトップ直結型、つまり「緊急対策本部」内に置いて広報の機能自体を対策本部と一体化させる体制が大切です。

🔊 ダメージを軽減する初動の原則

◯ 起きたことは仕方がない、潔く対応する

　「起きたことは仕方がない」。危機発生の際にはまず、この認識が

大切です。この認識があれば、企業論理に縛られることなく「潔い対応」ができます。「何とかならないか……」とか「何とかしなければ……」という思いからの対応はマスコミには通じません。

「潔くない……」というマスコミの批判記事がよく出てきますが、これは起きてしまった後の企業の慌てぶりや対応のまずさを指摘する言葉です。例えば、関西地方の有名な料亭でお客が残した料理を"使い回し"した事件では、監督官庁から出たこの批判の言葉がマスコミ報道され、印象をさらに悪くしてしまいました。加えて記者会見の席で女将(おかみ)が息子の役員に"プロンプター"（出演者にせりふを教える係）さながらの言葉をささやく姿がテレビで報道された姿は「見識がない」と社会から批判されダメージを拡大しました。

企業危機が起きてしまった場合、マスコミに報道されるのは避けられないにせよ、企業ダメージは少しでも軽減させなければなりません。そのためには、企業の初期対応がマスコミから批判されたり疑惑を持たれたりしないようにすることが大切になります。記者に最初に与える印象が報道トーンに影響を与え、それが企業イメージを左右し、結果的に企業ダメージを左右するからです。

一般に、報道される期間が長くなればなるほど企業ダメージは大きくなります。従って、マスコミによる批判報道が1週間続くよりは3日で収束する、3日間の批判報道が2日で収束する、2日の報道が1日で収束する。つまり、マスコミ報道の収束を少しでも早めることが、広報担当の最初の重要課題になります。そのためにはマスコミに対してどういう初期対応をとるのがいいか、その具体的な対応行動を次に挙げます。

◯ 記者会見を早急に実施する意思決定をする

　どうせ報道が避けられないのであれば、マスコミからの反感や批判や疑惑を持たれないこと、それには取材を拒んだり逃げたりせずに潔く対応することが大切です。その「潔さ」を示す最も具体的な行動は「早急な緊急記者会見の実施」です。企業側からコトの詳細を、分かっていることを説明する意思を示すのですから、企業の説明責任や透明性を示す上でも大切です。ただし、記者会見は遅いとあまり意味がないことを知っておくべきです。マスコミからも評価されません。企業危機発生時には記者やカメラマンたちが争って取材競争をします。少しでも早く何かの情報をキャッチしようとして必死に取材します。一方、取材する記者やカメラマンたちは「3つの不安」を常に抱えています。第1は「締め切りに間に合わないのでは……？」という不安です。いくらいい情報でも遅くては意味がありません。情報は鮮度とスピードが何よりですから当然です。第2は「他社にスクープされるのでは……？」という不安です。記者の本命はスクープですからこれも当然です。第3は「トクオチになるのでは……？」という不安です。「トクオチ」とは他社の記者が知っている情報を自分だけが知らないでいた、ということで、記者としては一番あってはならないことになります。このような3つの不安があるがために記者やカメラマンたちは、広報担当者に取材攻勢をかけるのです。早急に緊急記者会見の実施を連絡するということは、記者たちのこの3つの不安を一挙に解消させる効果を持っています。知らせを受けた記者たちとしても一様にほっと安堵し、胸

をなで下ろすはずです。

このように、緊急記者会見の時間を連絡することは非常に重要な初期マスコミ対応のカギになります。

◯ 緊急記者会見の効果とは

緊急記者会見がマスコミ報道トーンにどのような影響を持ち、企業にとってどのようなメリットがあるかを次の図表で示します。

● 「批判型報道」になるか「客観的報道」になるかの差はどこで生まれるか

スクープされてからの公表＝"隠ぺいしようとしていた"と受け止められる

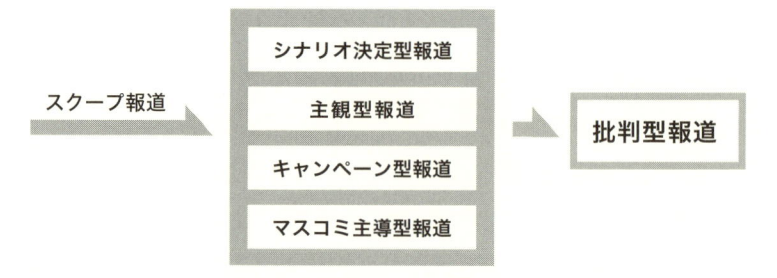

スクープ報道 → [シナリオ決定型報道 / 主観型報道 / キャンペーン型報道 / マスコミ主導型報道] → 批判型報道

自らの公表＝"自浄作用が機能している組織"と受け止められる

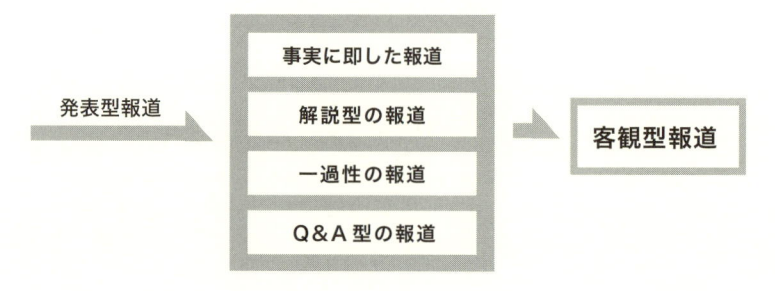

発表型報道 → [事実に即した報道 / 解説型の報道 / 一過性の報道 / Q&A型の報道] → 客観型報道

第8章　危機発生から収束までの広報の動き

◉ 緊急記者会見の日時を決める

　記者会見実施が決定されたら、広報担当の次の準備は記者会見の日時、場所、出席者の決定です。まず日時ですが、いくつかの原則があります。第1はマスコミの締め切り時間帯にかかるような時間は避けることです。具体的には、新聞の場合は朝刊の締め切り時間帯は午後7時前後と考えてください。つまり、午後5時ごろの記者会見は避けなければならないということです。同様に、夕刊の締め切り時間帯を考えると午前11時ごろの記者会見は避けるようにします。つまり、1日の時間帯でいえば、午前中ならば午前10時半ごろまでに、午後ならば、午後2時から4時半ごろが望ましい時間帯だということになります。テレビの場合もほぼ同じと考えてください。緊急事故などが発生して至急記者会見で知らせる必要がある、というような場合は、午後7時ごろから午後11時ごろまで可能な場合があります。

　緊急を要する場合は、土曜日でもマスコミ記者は出席します。「事故発生が土曜日の午後1時ごろだったから、記者会見を差し控えた」という理由は通りません。重大な情報でいち早く市民、住民にマスコミ報道を通じて伝えたい、という場合には、土曜日であろうと日曜日であろうと、深夜だろうと緊急記者会見を開く必要があります。

◉ 記者会見の場所をどこにするか

　緊急記者会見は原則的にはその会社内で行います。社内で一番広

い会議室や、場合によっては社員食堂などを使用します。条件はまず「広いこと」です。緊急記者会見の場合、企業側が想定していたよりも3〜4割方、多いマスコミがやってくると思ってください。「20人くらいだろう……」と思っていたら30人近くの記者やカメラマンがやってきて会場に入りきれなかった、ということがないようにします。東京の場合、社会的な関心を集めるような大きな企業不祥事だと、新聞、テレビ、週刊誌、経済誌、それに業界紙、外国のプレスなど多様なマスコミがどっと押し掛けてきます。某乳業メーカーの食中毒事故の記者会見では、120人以上の記者やカメラマンが取材にやってきました。会場が狭いと、会場の場所取りのために記者やカメラマンたちからクレームが出たりして、記者会見が始まる前に広報担当が振り回されることになります。会場選びは大切なステップですから注意します。

　ただし、会社によってはどうしても広い会場が社内に準備できない場合がありますが、そのような場合にはやむを得ません。社外のどこかの会場を借りることになります。ただし、ホテルの豪華な内装の会場ではなじみません。できるだけシンプルな会場を選ぶようにします。

　会場内のレイアウトにも重要な条件があります。スポークスパーソンの出入り口と記者の出入り口を別にすることです。場合によっては、会場の入り口のドアを一部封鎖し、スポークスパーソンの出入り口をマスコミ記者の入り口と遮断することもあります。「広さ」と「出入り口」。この2つに注意して選ぶようにします。

● 記者会見の会場レイアウト

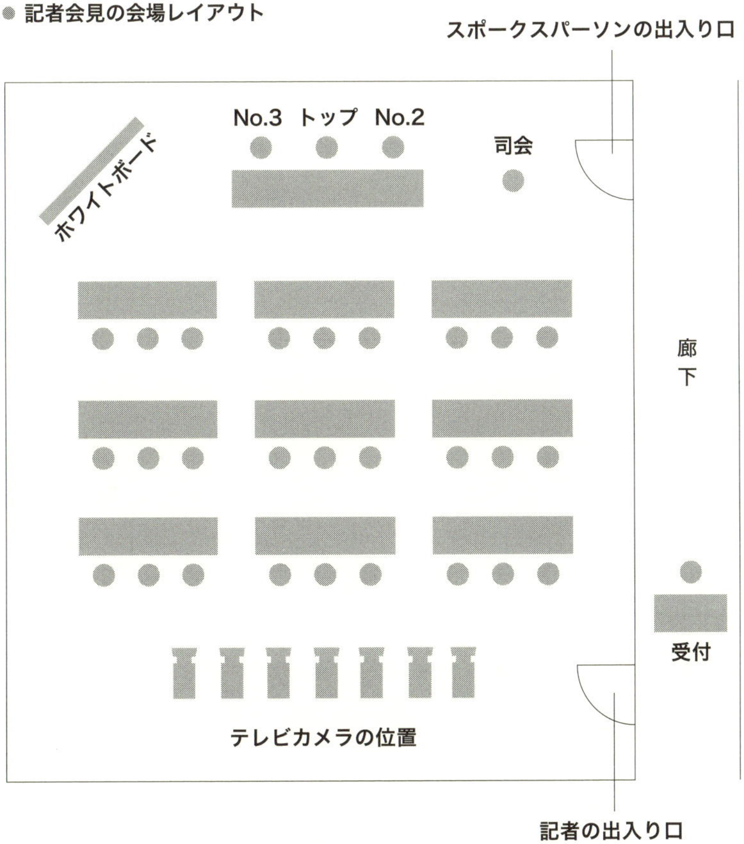
スポークスパーソンの出入り口
No.3
トップ
No.2
司会
ホワイトボード
廊下
受付
テレビカメラの位置
記者の出入り口

◯ 想定質問の作成上の留意点

広報担当が次に取り組む業務は記者からの「想定質問」の作成と「回答」の作成です。この想定質問の作成は非常に大切で、これを綿密に作成しておかないと本番の記者会見の席で思いがけない質問が出て、スポークスパーソンが慌てたり、絶句したりと、答えに窮

することになります。想定質問を作成する際には、より厳しく、より答えにくい質問を作成することが不可欠です。

　例えば「当然、社長はこの責任をとって辞任する考えはお持ちでしょうね？」、「トップはその件を知らなかったということですが、知らなかったこと自体、トップとして問題ではないのですか？」、「今回の情報が現場からトップに入るまで6時間もかかったのは、組織全体の緩みではないのですか？」などなど。もし、この想定質問の作成の段階で、スポークスパーソンに入ってもらって一緒に検討すると、想定質問の意味と回答のポイントが分かるため、スポークスパーソンにとっても非常に役立ちます。スポークスパーソンにとっては「心の準備」ができることにもなり、一挙両得になります。

　想定質問数は少なくても30問以上は準備します。ただし「5W1H」に関する質問はこの数から除きます。理由は「5W1H」についての質問は、誰が答えるにせよ、答えが決まっているため想定外の質問にはならないからです。想定質問の作成は「なぜ？」、「なぜ？」と畳み掛ける質問にしますと、次から次へといろいろな疑問や質問がわき出てきます。これによって初めて「そうか。そういう点はまだ把握していなかった……」、「なるほど、この質問の答え方は難しい」ということが分かります。「5W1H」は必要な最小限度の質問ですが、想定質問の中ではむしろ、それ以外の質問に留意して作成します。カギは身内意識を離れて、自分が社会部記者になったつもりで疑惑の質問に取り組むことです。

◉ ステートメントの作成上の留意点

　ステートメントはスポークスパーソンが記者会見の冒頭で説明する概要説明書です。いずれ細かい点は記者との質疑応答でやり取りされるので、このステートメントはA4用紙1～2枚程度の簡潔な内容で構いません。

　このステートメントは記者会見の席で記者に配布する資料であり、また、当日出席できなかった記者からの問い合わせに対して渡す資料であり、また、記者会見終了後に会社のホームページで開示する情報になります。つまり大事なことは、これが唯一の会社の公式見解書であることです。従って冒頭にまず、お詫びの言葉が入っていなければなりません。緊急記者会見というのは、どんなケースであれ、会社側に何らかの問題点があったから行うわけですから、その度合いは別にして「ご迷惑をかけた」、「心配をかけた」、「不安感を与えた」、「疑惑を与えた」、「損害を与えた」、「被害を与えた」といったことに対して「まずお詫び」する必要があります。記者会見の席ではこの部分で会社側の全員が頭を下げてお詫びすることになります。

　お詫びの言葉が入っていないステートメントだと、後でこの文章を見た人に「反省の色がない」、「お詫びの気持ちがない」といった疑念を与える恐れがありますので、気を付けてください。なお、ステートメントは社名で作成し、トップの名前は記載しなくても構いません。このステートメントは記者会見場の入り口で記者に関係資料と一緒に配布するのが普通です。表現はもちろん「です・ます」

調です。

● 緊急記者会見の連絡の仕方

　緊急記者会見は企業側にとってもマスコミ側にとっても、予定外のイベントです。マスコミ側から見れば、その時間帯に既にほかの取材の予定が入っているかもしれません。テレビの場合もカメラ取材班が既に取材のために外出していて、会見の時間に間に合わないかもしれません。このような状況の中で緊急記者会見の連絡をする場合、1つの守らなければならないルールがあります。それは「少なくても2時間以上前に連絡をする」ことです。午後4時からの記者会見であれば、遅くても午後2時前までに、マスコミ側に連絡をするということです。2時間の余裕があれば、取材に出掛けている記者も駆け付けられるし、テレビカメラのクルーも急いで駆け付けられる時間的余裕があるということです。

　次に、連絡の仕方です。日ごろから新聞、通信社、テレビ、雑誌をはじめ、関連専門紙・誌の住所、電話番号、ファクスなどのマスコミリストは準備しているはずですので、それに基づいて緊急記者会見の連絡を行います。社会的問題の場合はほとんどが社会部や報道部、または、デスク名、編集長名になりますが、個人名で出す必要はありません。むしろ、個人名の場合はその当事者が不在の場合、個人情報であるということから誰も開封しないことがあります。このため「記者会見を知らなかった」ということが起こります。個人名で案内状を出すことの適否を知っておく必要があります。

　ただ、緊急記者会見の場合、郵送では間に合わないことが多いた

め、実際には電話とファクスの両方で連絡するケースが多いはずです。

電話で相手に連絡した後に、「詳しい情報はファクスですぐに送ります」と伝えます。ファクスには「〜に関する緊急記者会見のご案内というタイトルを付け、社名と日付を必ず入れます。後はよくある形式で日時、会場、出席者、連絡先電話、地図添付のA4用紙1枚を作成し、ファクスで送ります。

この際、相手側に出席の有無を確認する必要はありません。もちろん、誰が来るかも聞く必要はありません。それはマスコミ側が判断し決めることだからです。電話連絡とファクスは時間差がないように、1人ではなく複数の広報担当者から一斉に連絡するようにします。

◉ 記者会見場での記者対応について

記者会見の予定時間の少なくても40分前には、広報担当者は会場入り口に待機していなければなりません。なぜなら、テレビ取材のクルーは撮影の準備のため、ほかのマスコミ記者に比べて遅くても記者会見開始の30分から40分前、場合によっては1時間も前に既に会場に来るからです。それも1テレビ局で3人から4人の撮影スタッフが来ます。その会場で広報担当者が不在ですと、戸惑うことになります。特にテレビカメラの撮影位置については広報担当が指定する必要があります。具体的にはP179の図で示してあるように、会場の一番奥にテレビカメラの位置を決めておき、そこにセットするよう説明します。従って、会場の一番奥の方にはテレビカメラの

場所のために2メートルほど、空けておかなければなりません。「広い会場」という理由はこんなところにもあります。

次に広報担当者が行わなければならない準備は記者受付の設定です。記者の入り口（1カ所）にデスクを置き、ここに受付役の広報担当者を置きます。

デスクの上に準備するものは、配布資料の入った「A4サイズの茶封筒」、「名刺受け」、マスコミ記者、カメラマンの社名と氏名を記帳してもらうための「芳名帳」と「筆記用具」の4点です。記者が来たら資料を渡すとともに必ず名刺をもらうか、名刺がない場合（これが意外に多い）は「芳名帳」に社名と氏名を記帳してもらってから会見場に入ってもらうようにします。これは失礼でも遠慮することでもありません。記者会見は企業側が主催するマスコミのための説明会です。マスコミ以外の第三者が記者に紛れて入場しないようにチェックする必要があるからです。

なお、記者は記者会見開始15分ほど前に大勢やってきますので、入り口が混乱しないよう担当者は2人以上にしてデスクも2つほど並べることが大切です。会場には記者がメモをとるためのデスクといすを人数分用意しておきますが、ニュース性が高い記者会見になると、記者やカメラマンの人数が増加することがあります。そのような場合は、あらかじめ会場内のデスクは割愛し、いすだけにします。これはそのときの記者会見の内容次第で、事前に判断して決めるようにします。

謝罪会見、釈明会見の開き方

◉ 司会は「ありがとうございました」を言わないこと

　いよいよ記者会見が始まりました。既に会場には記者やカメラマンがびっしりと待ち構えています。時間厳守で記者会見場に入場しますが、順序は役職の高いトップから順に入場し、司会役である広報担当責任者は最後に入場します。着席順は真ん中にトップの席、ナンバー2とナンバー3のスポークスパーソンは、記者席から見てその右と左になります。全員が自分の席の前に立ったところで、司会が記者会見開始のあいさつをします。このあいさつで気を付けなければならないことがあります。「本日は弊社の記者会見にお越しいただき、誠にありがとうございます」というお礼の言葉は使わないことです。この会見は「謝罪の記者会見」ですから「お礼」を述べる雰囲気ではありません。この言葉1つで記者たちに「この会社（司会者）は問題の重大性をあまり認識していないのでは？」という印象を与えかねません。ここは「本日はお忙しい中、弊社の記者会見にお越しいただき誠に申し訳ございません。では、ただ今から○○に関する記者会見を開かせていただきます」。これが謝罪記者会見の場合の表現です。これは記者会見終了時も同じです。つい、慣習的に「ありがとうございました」という言葉が出てしまうことがありますので注意しなければなりません。次に司会者は出席者を、

やはり役職の高い順に紹介していきます。「自己紹介」をさせてはなりません。

◎ ステートメントを読む場合の注意点

　紹介が済んだところで、トップがステートメントを読んで概略を説明しますが、ここでも注意したい点がいくつかあります。第1はステートメントを"棒読み"しないことです。"棒読み"とは「視線をペーパーに落としたまま読む」ことを指します。これは記者から見れば「事務方が書いた内容を読んでいるだけ」という印象を与えます。文章の区切りがつくところ、つまり、句読点の部分で視線をペーパーから離し記者席の方に視線を向けるようにします。これだけで「記者に向かって説明している」という印象を与えることができます。日本の某首相が中国のトップと会談した際に、膝の上の資料に視線を落としたまま会談したことが社会の批判を浴びました。"くせ"だったかもしれませんが、やってはならない"しぐさ"なのです。「自分言葉で話をすること」。これはある新聞社の論説員が記者会見でのトップに対するアドバイスとして述懐した言葉です。「当事者意識を持っている」という印象を与える上でもペーパーに目を落としたままの説明は避けるべきです。

◎ 謝罪は最初に行うことが大事

　ステートメントは前述したように会社としてその問題に対する公式見解書です。従って、お詫びの言葉、反省の言葉を冒頭に述べます。同時にこの場面で出席者全員が頭を下げて謝罪します。最近、

この頭を下げる時間が長すぎるケースが見られますが、作為が感じられていい印象を与えません。5秒を目安にすることです。ただし、出席者がバラバラのお辞儀をするようでは「お詫びのお辞儀1つできないのか」という印象を与え、好ましくありません。"たかがお辞儀"と軽視してはなりません。後述する「メラビアンの法則」では相手に与える印象度は「表情、しぐさ、見た目」が55％のウエートを持っている」と指摘しています。ステートメントを読み終わったら、スポークスパーソンが「これから後は着席して説明させていただきます」と断った後、全員着席します。タイミングを失っていつまでも立ったまま記者会見を続けると、記者の方から「着席して結構ですから」と声が掛かることがあります。着席したところで、司会から「では、続きまして詳しい説明を△△（例えば常務）の〇〇から説明させていただきます」と案内し、〇〇から詳しい説明をします。説明が終わったところで、司会が「ではこれからご質問を受けたいと思います」と質疑応答に入ることを伝えます。

◉ 司会は質問する記者の社名、名前を聞いてはいけない

司会が記者からの質問を受ける際、冒頭に「質問される方は、恐れ入りますが社名と氏名を名乗ってください」とお願いするケースがあります。慣習からつい口に出てしまうわけですが、これは避けてください。なぜなら、記者が会見の席で自分の社名と名前を告げるのは一般的に言えば「相手に対して敬意を表する場合」です。例えば、首相官邸での記者会見、日本記者クラブで"話題の人物"を招いての記者会見、こういう場合には記者は自分から名前と社名を相

手に告げてから質問します。ただし、企業の記者会見でも前向きの記者会見、例えば新製品や事業計画などの場合なら司会か記者に「質問の際には社名と氏名を告げてから質問してください」と伝えるのは問題ありません。しかし、謝罪の記者会見では説明する側に"何らかの非"があって記者会見をしているのですから、記者が会社に対して"敬意"を表する立場にはありません。ただし、このような記者会見の場合でも記者の方から社名や氏名を告げる場合があります。それは記者の判断であり記者の自由です。要は記者に対して企業側から社名や記者名を求める立場にないことを知っておきましょう。

● 記者会見に条件を付けないこと、時間は最低50分をとる

　新製品発表や新しい事業計画の記者会見でしたら、時間は長くてもそれだけ関心が高いことを示していますから、企業としてもこだわりません。しかし、謝罪会見や釈明会見の場合は記者からの厳しい追及質問が予想されるため、なるべく短い時間内で終わらせたいという気持ちになります。しかし、結果的にはそうした対応によってむしろ厳しい批判報道につながり、再度の記者会見を余儀なくされたりすることがあります。

　あるいは記者会見の際にいろいろ条件を付けて少しでもマスコミからの攻勢を軽減したい、という気持ちになりますが、こうした考えもかえって反感を高めてしまう結果になります。例えば、某社のトップが引責辞任をすることで記者会見を開くことになりました。しかし、カメラの持ち込みは不可、記者会見場への入室は1社1人という条件を付けました。理由は静かな雰囲気の中で思いを語りた

いということ、記者を多く出席させられるマスコミと、1人しか出席できないマスコミの間に差がないようにという配慮からだったと言われます。しかし、結果的にこの条件はマスコミの反発を招き、3時間後に再度、条件を外して2回目の記者会見を開かざるを得なくなりました。会見の結果は当然ながら厳しい批判報道となりました。謝罪会見はマスコミに対して行うのですから、マスコミの意向を無視し企業側の論理で進めようとしてもうまくいきません。同じ理由で、記者会見の時間をなるべく短く済ませようとするのも、記者から「もっと聞きたいことがある」、「まだ説明責任を果たしていないではないか」という声が出て、結果的に20分も30分も延長してしまうことになります。謝罪や釈明会見の場合、こうしたマスコミとのトラブルや反感を招かないために最初から最低50分の時間を想定したプログラムを作るようにします。50分あれば記者からの質問には過不足なく応答できます。「逃げようとしているのでは？」という疑惑を与えないためにも大事なことです。

◉ 弁解や言い訳は批判報道の元

　スポークスパーソンの大事な心得として、謝罪や弁明の記者会見では「弁解じみた言い方」や「いい訳じみた言い方」は極力しないことです。"〜じみた"とは記者にそのような印象を与えてはいけないということです。理由は、弁解や言い訳をしても報道されるのは「〇〇社、弁解に終始、お詫びの言葉なし」、「説明の大半が言い訳、反省の色なく」などといった批判的な見出しになることが多いからです。そのような印象を与えないためには、事情説明（言い訳）

やそうせざるを得なかった理由を説明（弁解）した後に「とはいえ、結果的にこのような事態を引き起こしたことに対し、大変申し訳なくお詫び申し上げます」、「とはいえ、今にして思えばその段階での初期対応に問題があったのでは、と反省しております」というように、必ず「お詫び」か「反省」の言葉を付け加えるようにします。いわゆる「Yes、But」の言い方です。こうしたちょっとした表現によって批判報道のトーンを軽減させることができるのです。

◯ 知っておきたい「メラビアンの法則」

　緊急記者会見でスポークスパーソンが必ず知っておかなければならないのが「メラビアンの法則」です。心理学者のメラビアン博士がまとめたもので、「話し手が聞き手に与える印象は何で決まるか」ということを法則化したものです。それによると一番大きな印象度を与えるのは、話す人の「表情」や「しぐさ」そして「見た目」であり、これが55％の印象度を決めるとされます。次に影響を与えるのが「声の質」、「大きさ」、「テンポ」で、これが38％。そして「話の内容」が与える度合いは意外に小さく7％だというのです。意外に感じるかもしれませんが、現実には納得させられる場面が多々あります。例えば記者が「オレたちは人相見だ」という言葉をよく口にします。その意味は、「ニュースリリースや資料で記事は書くことはできる。しかし、その問題にどのような決意や熱意や意識で取り組もうとしているかは、説明する相手の表情や口調、体全体の動作などで情報を得ている」ということです。記者たちは、スポークスパーソンが入場するときの歩き方や、冒頭のあいさつの際

の姿勢などから既に取材を開始しているわけです。「この社長には意気込みも責任の重大さの認識も感じられないな……」、「当事者意識が薄く、立場上、やむなく会見に出ているのでは……？」といった印象を既に記者に与えているかもしれないのです。コミュニケーション上、参考になる法則だといえます。

「メラビアンの法則」の要点は次のようになります。

● 話し手が聞き手に与える印象は何で決まるか

- 表情、しぐさ、見た目（視覚情報）――（55％）
- 声の質、大きさ、テンポ（聴覚情報）――（38％）
- 話の内容（伝達情報）――――――――（7％）

○ 手際良く会見を終了させるために

　謝罪や釈明の記者会見で難しいのは会見の切り上げ方です。50分の記者会見時間を用意したからといってマスコミ側がすんなり納得してくれるとは限りません。記者の方からすればもっと聞きたい、もっと時間が欲しいという気持ちがあります。予定の時間になったからといって記者会見の打ち切りを伝えると、記者は必ず「待ってくれ。聞きたいことがまだある」などと執拗に食い下がってきます。そして結果的に20〜30分の延長になってしまうことがあります。司会の重要な役割の1つは、いかにスムーズに記者会見を終了させ

るかです。そのための方法として事前に記者会見の時間を50分と予告しているわけですが、さらに大切なのは記者会見の終了予定時間の2〜3分前になったら、司会が「そろそろ予定の時間に近づきましたので、あと2〜3問、ご質問お引き受けして終わりたいと思います」、「では、どうぞ」と呼び掛けます。このメッセージで記者たちは終了時間が迫っていることに気付き、"心の準備"ができます。そして数人の記者から一斉に手が挙がり最終に向けての質問をしてきます。司会は「では、そちらの方からどうぞ」と順番に指名して質問を受けスポークスパーソンがそれに答えていきます。予定の時間を3〜5分、延長することがありますが、しかし、こうした対応は誠意を持って記者の質問に答えたという印象を与えることになります。これに対して「予定の時間が参りましたので、これで終わりにさせていただきます」といきなり"終結宣言"された場合、記者からは必ず「待ってくれ」という不満の声が上がります。終了時間の予告をし、さらに「まだ質問は受け入れますよ」という意思を伝え、わずか3〜5分を延長するだけで記者会見をソフトランディングできるのです。ささいなことのようですが、大切な配慮だといえます。挙手した数人の記者の質問に答えた後、司会は「では予定の時間が過ぎましたので、本日の記者会見はこれで終わらせていただきます」、「本日はお忙しい中、お呼び立てして誠に申し訳ございませんでした」と伝えて、全員が立礼して終了します。

◯ スポークスパーソンを直ちに離席させる

この直後、司会役は直ちにスポークスパーソン全員を離席させ速

やかに会見場から出てもらいます。なぜなら前の方に座っていた記者たちがたちどころにスポークスパーソンに駆け寄ってきて、大勢の場では質問しなかった"とっておきの質問"を問いただしてくる心配があるからです。これはよく見られる光景です。しかし、記者会見とは、同一人物の口から同一情報をすべてのマスコミ記者に同時に伝える場です。もし、記者会見が終了したにもかかわらず、会見場で個別の質問に個別に答えたら、記者会見の本来の趣旨に反することになります。従ってこれを避けるためにスポークスパーソンには即、退場してもらう必要があるのです。その代わりに司会役が会場に残って「ご質問がある場合は私が分かる範囲でしたらご説明いたします」と伝え、記者の要望にできるだけ応えるようにします。このようなアフターケアで記者たちの不満や疑惑を少しでも解消するよう努めます。司会役はここまで役割を果たさなければなりません。このような機敏な対応をとるために会場内での司会役の位置は入り口近くに設定するようにします。

社会部記者の特徴と必ず聞かれる質問

○「疑惑」の視点から追及してくる

　不祥事が発生した場合、取材に殺到してくるのは、普段、広報担当が接点をもつ経済部記者や業界紙記者ではなく、おおむね、社会部記者になります。社会部記者は基本的に「疑惑と批判」の視点を

持って取材してきます。「何か隠しているのでは？」、「その判断に問題があったのでは？」という視点から質問してきます。あるいは「なぜ公表が遅かったのか？」、「もし公表がもっと早ければ第2、第3の事故が予防できたのでは？」といった立場から「公表の遅さ」を追及してきます。さらには「なぜ起きたのか？」、「状況認識が甘かったのでは？」、「危機管理意識が欠落していたのでは？」といった視点から質問してきます。記者会見ではこうした社会部記者の「疑惑と批判精神」を知った上で想定質問を考え応答の準備をしておかないと、鋭い質問攻めに遭ってスポークスパーソンを立ち往生させることになります。「想定質問の作成上の留意点」の項（P179参照）でも触れましたが、身内意識を捨てることが広報担当の大事な取り組み姿勢になります。社会部記者が危機発生時に「疑惑と批判」の立場からどのような質問をしてくるか、一般的な想定質問を列記してみます。

◉ 記者に必ず聞かれる質問

Q1. トップがその報告を受けたのはいつだったのか？
Q2. なぜそんなに遅くなったのか？
Q3. それが対応の遅れの原因になったのではないのか？
Q4. 現場が隠ぺいしようとしていたのではないのか？
Q5. 社内ではどのような情報伝達ルールになっていたのか？
Q6. 今回、なぜそれが機能しなかったのか？
Q7. 危機管理意識が希薄だったのではないのか？
Q8. この案件についてのマニュアルはあったのか？

Q9. 今回、そのマニュアル通りに対応できたのか？
Q10. 原因は何だと思うか？
Q11. まだ把握していないのは問題ではないのか？
Q12. また同じことが起きる恐れはないのか？
Q13. 過去に同様の事故はなかったのか？
Q14. 調査をしたのか？
Q15. 調査もしないで、なぜないと断言できるのか？
Q16. 同様事故防止のために、総点検の指示は出したのか？
Q17. 日ごろ、どのような点検をしてきたのか？
Q18. その点検がずさんだったから今回の事故が起きたのでは？
Q19. コストダウンのひずみが招いた事故ではないのか？
Q20. 事故防止のために、どんな従業員教育をしてきたのか？
Q21. それが、おざなりの教育だったのではないのか？
Q22. 事故を起こした製品の製造（販売）を中止しないのか？
Q23. 再発防止策は考えているか？
Q24. これから検討するというのは認識が甘いのではないのか？
Q25. 責任をどう考えているか？
Q26. 記者会見はこの後も開く考えはあるか？
Q27. 被害者への補償はどう考えているか？

メディアトレーニングを自前でする場合の準備と実行方法

◯ メディアトレーニングの事前準備をする

　危機はいつどんな形で企業を襲ってくるか分かりません。危機管理広報の最後の砦(とりで)が緊急記者会見場でのトップの応答です。ここで画竜点睛を欠くことがないよう、広報担当としては平時にトップや役員に対するメディアトレーニングを実施しておく必要があります。

　外部の専門会社に頼まずに、自前で実行するための準備としては、まずトップにその重要性を認識してもらう必要があります。その事前準備として広報担当者からトップ、役員に対して「他社事例に学ぶ記者会見の失敗例」のタイトルで、マスコミ報道された他社の事例を簡潔にまとめて提案するのが効果的です。マスコミ報道事例は生きた教訓になりますので説得力があります。トップの関心を引いた段階で次のステップに取り掛かります。自社で想定される危機の状況を設定します。例えば、食品会社であれば「アレルギー症状で消費者に重篤な健康被害が発生した」、サービス業であれば「契約内容が不明確、不十分であるとしてお客さまが提訴した」、製造業であれば「工場で火災爆発が発生し外国人従業員を含め死傷者が出た」、化学会社であれば「高速道路で交通事故発生、積み荷の有毒性化学物質が流出した」など、自社で起こりうる可能性の高い危機

発生状況を想定し、シナリオを作成します。もちろん、この過程で社内の担当部署と相談しながらより重大な案件に内容を積み上げます。この状況設定のよしあしでトレーニング効果が大きく左右されますので、より厳しい状況にします。例えば死亡者0よりは死亡者が出た、1人の死亡者よりは複数の死亡者が出た、という内容にします。これをA4サイズ1〜2枚程度にまとめます。そして、この情報をキャッチしたマスコミから問い合わせ電話が殺到し、やむを得ず緊急記者会見をせざるを得なくなった、という前提にします。トップ、役員に対してはこの状況設定の資料をもとに、広報担当を交えて「想定質問と応答の作成」、「ステートメントの作成」に取り掛かります。以上が事前準備作業です。

◉ メディアトレーニングの実施方法

トップ、役員が事故状況について十分理解し把握したところで、メディアトレーニングの実施に入ります。忙しいトップ、役員が対象となりますので、トップのスケジュール次第で事前準備作業と会見トレーニング実施の間が1日あるいは2日、3日とずれることがありますが、特に問題はありません。まず、トレーニングの対象になるスポークスパーソンの選定をします。案件によっては必ずしもトップでない場合もあります。要はこの状況では誰が当事者として妥当であるかです。2人か、3人か、それとも4人になるか。

スポークスパーソンが決まったら次は記者役の決定です。一般的には広報担当部署の全員が記者役になりますが、人数的に少ない場合はその案件の担当部署の従業員が加わります。人数的には10人

から20人いれば十分です。本番では30～40人になるかもしれませんが、模擬記者会見ですので、ある程度の頭数をそろえれば構いません。この後は前述した謝罪、釈明の実際の記者会見の流れに沿ってスタートします。想定Q&Aは既に作成済みですので、記者役から質問を受け付けスポークスパーソンから回答していきます。

　この一部始終をVTRで記録しておき、模擬記者会見が終了後、このVTRをスクリーンまたは大型テレビに再現しながら、要所要所でVTRをストップさせ、スポークスパーソンと模擬記者役の感想や意見を交換します。トップの説明の仕方のどこが良かったか、どこが分かりにくかったか、どこが誤解を招きかねない表現だったか、ここの説明はむしろこういう方が良かったのではないか、さらには表情、しぐさ、声のトーンなどについてざっくばらんに評価し合うことが大切です。自前のメディアトレーニングの欠点はトップに対して指摘やアドバイスや批判が言いにくいことですが、案外、トップは自分の話し方やくせを客観的に知る機会がないので、VTRで見る自分の話し方や表情は、当人にいい意味でのインパクトを与えるものです。このトレーニングでそれまで気が付かなかった新たな指摘や質問、問題点などが分かりますので、有効活用することが大事です。

第 **9** 章

BtoB企業の
広報戦略

🏢 BtoB企業の広報のミッション

◉ BtoB企業は広報部門に何を期待するか

　BtoB企業は一般市場向けの商品やサービスを保有していないので、商品の販売促進を目的とした広報活動を必要としません。BtoC企業は一方、商品の販促のための広報活動が業務の大半を占めています。では、BtoB企業の広報部門はどんな活動を実施すればいいのでしょうか。

　広報とは、PR（パブリック・リレーションズ）の概念を導入したもので、企業や団体の情報発信を担当する部署が「公衆との良好な関係を築く」ための活動とされています。広報部門に課せられた使命とは、企業の事業活動と経営の仕組み、商品情報を具体的な事例で発信し、公衆に理解してもらい、共感してもらうことです。その結果、好意と尊敬を獲得し、企業価値とブランド価値を高めていくことです。

　しかし、広報活動の意義が分かっても、公衆と良好な関係を築くこととはどんな状態を指すのか、目的を実現する具体的な活動のワークフローとはどんなものなのか、また何をもって成果が挙がったかを判定するのでしょうか。

　この章では、広報部門のミッション（使命）〜ビジョン（中・長期目標）〜ワークフロー（工程）に至る広報部門の活動の目標設定

と活動のシナリオの作り方、必要なスキルについてのガイドラインを考えてみます。

◉ なぜ広報が必要か

企業が広報部門を新設するのは、どんなときでしょうか。日本企業における広報は1970〜80年代、その出身母体の使命に基づく明確なミッションを与えられ、5つのタイプに分類することができました。

①総務広報——株価維持のためのブラックジャーナリズム対策、株主総会を無難に乗り切る総会屋対策として始まった広報要員
②人事広報——リクルート要員、社員のロイヤリティー向上・福利厚生としての社内報制作から始まった広報要員
③宣伝広報——マスコミ向けの商品のセールス・プロモーションを目的とした広報要員
④秘書広報——トップのマスコミ露出と企業ブランドを意識した広報要員
⑤危機管理広報——不祥事多発の時代に対応した防衛的な広報要員

1980年代以降に企業や団体が広報部門を新設した主な動機は6つあります。
①企業が上場を目指し、企業情報発信の仕組み作りとブランド価値の向上を図りたいと考えたとき
②新製品やマーケティングの情報発信を活発にしたいと考えたとき
③投資家や金融機関に対するIR（インベスター・リレーションズ）

情報を活発に発信したいと考えたとき
④人材確保のために企業活動を認知してほしいと考えたとき
⑤社長がメディアに登場したいと考えたとき
⑥他社の不祥事事件を見て、広報部門が欲しいと考えたとき

　2000年以降で見ると、あなたの会社のトップが広報部門に期待するのは次の10項目のどれか、あるいはいくつかであるはずです。
①マーケティング広報
②コーポレート広報
③ブランド価値の向上
④企業活動の理解促進と共感の獲得
⑤IR&財務基盤の強さ
⑥企業文化の素晴らしさ
⑦トップのメディア登場による企業ブランドの認知向上
⑧当社にも広報部門が欲しい
⑨社員のロイヤリティー向上
⑩リスク対策

　広報部門に課せられたミッションは、当初の動機が上記のどれであっても、「企業に対する信頼と尊敬と共感を獲得し、企業価値とブランド価値の向上のために企業メッセージを発信する」ことです。
「マスコミに対する企業メッセージの発信が広報活動」と単純に理解すれば、社内各部署から持ち込まれる発表要請に応えて情報を発信することが広報の実務と考えられ、多くの広報担当部門は年次計画、人事異動、イベントなどの情報発信を業務としています。けれ

ども、それを毎年繰り返しているだけでは成果が得られません。

広報部門が過去50年にわたってどんなテーマを掲げて活動を進めてきたかを示すのが次の表です。

● 企業広報活動の変遷

	1960年代 (高度成長期)	1970年代 (企業批判期)	1980年代 (低成長・リストラ期)	1990年代	2000年代	2010年代
広報の中心	マーケティング	マスコミ対応	活性化 ＣＩ 企業イメージ	CC (コーポレート・コミュニケーション)	コーポレート・ガバナンス	マスコミ対応 ソーシャルメディア対応 危機管理
キーワード	消費革命	社会的責任 モノから心へ	個性化 多様性	地球環境 フィランソロピー メセナ	コーポレート・ブランド コーポレート・レピュテーション	エンゲージメント
主な広報対象	消費者	地域住民	生活者 社員	生活者 社員 海外	ステークホルダー	社会全体
重視メディア	マスコミ	マスコミ	イベント(冠イベント、博覧会) クラスメディア 社内メディア	イベント 社内メディアと社外メディアの統合	デジタル放送、インターネットなど多様化	マスコミ ソーシャルメディア
広報資源	商品・技術	トップ	トップ	企業文化 社会貢献活動	トップ	全社員
広報部門の役割	商品の魅力の発信 会社の強みの表現	社会の意見の受信 会社の公正さの表現	会社の個性の発信 会社らしさの表現 社会広報の重視	企業文化の変革 企業文化のチェック 地域市民を表現	経営機能の一環	経営機能の一環

『戦略広報を考える』経済広報センター刊

広報活動は基本的な情報発信活動からスタートし、設定した目標に向かって徐々に活動の範囲の拡大と深化を進めていきます。それぞれの企業のマスコミへの知名度、ブランドの浸透具合、市場での支配力の度合い、記者との親密さ、トップの広報活動への理解などを勘案して広報活動計画を立案し、ワークフローを準備する必要があります。また、広報活動の経験年数や企業の成熟度、知名度によっても、広報活動の手法は変わってきます。

◯ 防衛的な広報から積極的な広報へ

　企業や団体の広報部門がその姿を広く社会に見せたのは、21世紀になってからです。

　その象徴的な事件は、証券取引法違反の罪に問われたライブドア社元社長の記者会見の際、広報が表舞台に出たときからでした。以来、食品メーカーや老舗料亭の食品偽装など、2000年以降、記者会見の場で企業は謝罪を重ね、企業価値を低下させています。

　そういうと、広報担当者は記者会見の現場で謝罪する役割を担った危機管理の担当者となってしまいますが、実は企業や団体の広報部門は企業活動にとってますます重要性を高めています。その理由は3つあります。

　第1は、企業の提供する商品やサービスが生活文化を変え、企業活動が地球環境に及ぼす影響力が大きくなったことに由来します。企業が法人格をもって社会の構成員として認知され、存在感が増した結果、企業活動に対して監視の目が厳しくなり、企業・団体に対する公共性の要求が高まって、企業活動の透明性、説明責任が求め

られるようになりました。また、入社志望者にとってもこれらの事項は志望動機の重要な判断材料となってきました。企業にとっては情報公開の専門的な部門が必要になってきたのです。これがコーポレート・コミュニケーションの分野で、上場している企業やブランドの浸透している企業は、尊敬とブランド価値の向上を獲得するために力を入れ始めました。

　第2は、顧客の商品購入に際しての情報入手ルートが多様化・細分化することによって、広報の手法が広告・宣伝に匹敵する販売促進効果を持つことが分かってきたことです。商品情報の告知は従来、新聞やテレビの広告宣伝に依存してきました。しかし電子媒体やミニコミなどのメディアが多様化し、さらに不況で広告宣伝費が圧縮される時代にあっては、マスメディアの影響力が小さくなり、マス広告の効果は低下します。広報部門の得意とする多様なメディアに対するきめ細かな商品情報の発信、広告宣伝とセールス・プロモーションとのマーケティング・ミックスは、商品やサービスの認知だけでなく、ブランディング効果も期待できます。これはマーケティング・コミュニケーションの分野です。

　理由の第3は、法規制やルールの逸脱、偽装といった事件や不祥事が多発し、マスコミ攻勢に対応する渉外窓口としての専門性が求められたことです。2000年前後から多発した企業の不祥事や事件は、大きな非難を浴び、対応を一歩間違えれば企業・団体の存続さえ危ぶまれる事態を引き起こしました。謝罪会見では、マスコミ・社会との対応の巧拙、公開事項の透明性、原因解明調査の迅速な対応の過程で、ブランド価値の失墜、不買、ネットの炎上、時には市

場からの撤退など、さらに事態を深刻化させる事例も数多く見られました。企業が長年の努力の末獲得したブランド価値や信頼の獲得、企業活動に対する共感、尊敬に対する評価が、たった1回の不祥事で瓦解する事例もあったのです。こういった事態を未然に防止するのはリスク・コミュニケーションのカテゴリーです。

　広報活動は、主にこれら3つのカテゴリーに分類できますが、B to B企業にとって、マーケティング・コミュニケーションの分野はほとんど必要とされないので、コーポレート・コミュニケーションに絞って考えてみましょう。

　では、「信頼と尊敬と共感の獲得のために情報を発信する」と、どんなメリットがあるのでしょうか。企業を取り巻く関係者（ステークホルダー）に、企業活動の公共性と透明性が認められると、その企業とお付き合いしたい関係者が増え、商品やサービスの購入希望が増え、市場関連でも存在感が増し、株式購入や金融取引への期待が増していきます。さらには入社志望者が増えます。メリットは数え切れないほどありますが、ではどんな活動をすればいいのか、それがこの章の目的となります。

◉ 広報部門の使命と目標

　広報の仕事は、製品発表や年間計画などの発表事項に関するプレスリリースの準備と発表、その後のマスコミからの問い合わせや取材、あるいは関連記事のクリッピングなど、報道の窓口として迅速な処理が求められる業務と考えられますが、それは作業であって使命に基づいた広報目標の達成ではありません。広報の目標とは、企

業ビジョンに基づいて広報戦略を策定し、目標の実現に向かって活動できる仕組みと工程表（ロードマップ）を作ることです。企業が目指すビジョン実現のために、広報部門の目標達成のシナリオを用意し、工程表に基づいた戦略的な行動を実行すればいいのです。

　広報活動の基本的な手法は企業メッセージの発信による情報の公開であって、事実以上のことを吹聴することはできません。特定の商品や感覚的なメッセージをメディアに集中的に投下し、特定のイメージを獲得しようとする広告宣伝の手法とは異なり、発信するすべてのメッセージが矛盾なく連携することが求められるのです。

　従って、発信される企業メッセージは、企業の目指す姿や望ましい方向性に沿ったコンテンツで構成されます。

　企業ビジョンは、企業のマネジメントの意思であり、従業員全体で共有されていることが必要です。企業理念やCI（コーポレート・アイデンティティー）、ウェイ・マネジメント（企業理念の浸透）で規定される長期ビジョンがそれです。

● 企業メッセージの流通プロセス

　広報部門の業務を単純化して考えてみましょう。企業が情報発信する目的は企業活動の公開による企業価値の増大ですが、手法は大きく分けて2つあります。

　1つはコーポレート・コミュニケーションの領域に入るもの。企業の経営施策、経営課題（考え方）と活動（生産・販売・マーケティング）を、企業を取り巻く関係者（ステークホルダー）に対して具体的な事実で伝え、企業の全体像に対する共感と理解を獲得し、

企業価値の増大を目指すことを目的としています。そのためには次のような情報の流通プロセスを管理していかなくてはなりません。

①ステークホルダーに発信したい情報がある
②発信できるカタチにコンテンツとして仕上げる
③メッセージを新聞や雑誌、テレビ、ウェブで掲載してもらえそうなメディアに配布
④新聞雑誌メディア・電子メディアに掲載、あるいはテレビ・ラジオなど電波メディアにオンエアされる
⑤企業活動情報や商品情報をステークホルダーが認知する
⑥好感、共感と尊敬を獲得する
⑦企業価値、ブランド価値、商品価値が高まる
⑧成果を評価し、サイクルを循環させる

　もう1つはマーケティング・コミュニケーションの領域で、商品の仕様や用途、ブランドの認知を進め、売上を拡大することによって企業価値を高めることを目的としています。この場合の情報発信の対象も、理論的にはすべてのステークホルダーですが、具体的な目標は顧客（および見込み客）となることが多いのです。

　この場合の情報の流通プロセスも基本的にコーポレート・コミュニケーションと同じです。

　B to B企業にとって不特定多数の一般顧客に対する商品情報の提供は必要ないと考えがちですが、商品化のプロセス、技術的な優位性、業界に与えるインパクトなどの情報は市場における企業の位置付けをアピールすることができるため、顧客に商品情報を提供する必要がなくても、ほかのステークホルダーの関心を引くメリットが

あります。

　広報活動の実際をこのように細分化して考えると、ステークホルダーに発信する情報の流通プロセスを充実させるための活動が広報活動だと言っていいでしょう。

　①から②のステップに進むためにはどのようなシナリオが必要か、②から③へはどうか、③から④へはどうか、それは最大の効果を挙げられるか……それが分かってきます。

　情報発信と一口にいっても、発信するコンテンツの品ぞろえは目標とするシナリオを実現できるほど充実しているのか、それが問題となります。発信するメッセージは具体的な広報計画と活動評価を、ステークホルダー別に管理することが必要なのです。問題点が明らかになれば具体的な目標設定ができるのですから、発信するコンテンツの作り方も方向性が見えてきます。

誰に、何を、どのように伝えるか

◯ 誰に伝えるか

　広報活動のターゲットは、業界紙・誌などのメディア、地域メディア、リクルート関連のメディア、上場を予定している企業はIRメディアなどですが、新任の広報担当者は当初は記者との面識も業界の知識もないため、各担当部署から引き継ぐ形になります。

　「誰に」は広報部門にとってきめ細かく洗い出さなくてはいけな

い重要なテーマですが、「誰に」発信するのかについては単純明快な答えがあります。広報担当者にとって広報とは、「企業の持続的な発展のために、ステークホルダーに利益をもたらす情報を発信すること」です。

ステークホルダーとは、「企業や団体と利害関係を共有するすべての関係者」で、消費者・顧客、株主、従業員、仕入れや販売など取引先、地域社会・地球環境、競争会社、マスメディア、行政、NPO(非営利組織)・NGO(非政府組織)、国際社会の10者が挙げられます。最近の論考によれば、地球環境や社会までもが「見えないステークホルダー」とされているのです。

広報部門の一般的な業務として理解されているのは、発表事項(プレスリリース)を新聞、テレビ、雑誌、ネットメディアなどのマスコミに送り、それを記事や映像にしてもらうことに特化しているのが現状です。「広報のターゲットはマスコミ」という固定観念を払しょくし、メディアを使うのは効率的な伝達手段の1つと考えるべきです。企業メッセージが個々のステークホルダーに届いているかどうかを検証し、不足していれば適切な広報ツールを作っていくことも広報の役割です。

◯ ステークホルダーに発信するメッセージ

次の表はステークホルダーに対して企業が果たすべき社会的責任のマトリックスです。升目の一つひとつがコンテンツになります。自社の強み、魅力をこの表に沿って探してみてください。

では、このターゲットに向かって広報部門は具体的にどんなメッ

● ステークホルダーと4つの責任

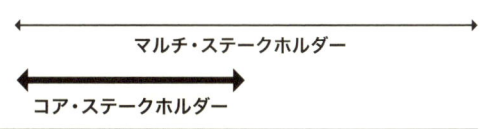

ステークホルダー\4つの責任	消費者・顧客	取引先	従業員	株主・投資家	地域社会・地域環境	競争会社	マスメディア	行政	NPO・NGO	国際社会・地球環境	
法的責任											法規制とコンプライアンス
経済的責任											利益の還元・持続的な発展
倫理的責任											公正・透明性・経営哲学
社会貢献的責任											共生・説明責任・応分の負担

コア・ステークホルダー：消費者・顧客／取引先／従業員／株主・投資家／地域社会・地域環境

マルチ・ステークホルダー：コア＋競争会社／マスメディア／行政／NPO・NGO／国際社会・地球環境

日本経営倫理学会CSRイニシアチブ委員会・水尾 順一他編『CSRイニシアチブ―CSR経営理念・行動憲章・行動基準の推奨モデル』日本規格協会発刊を参考に筆者が作成

セージを用意すればいいのでしょうか。

◯ 何を伝えるか

　一般的なコンテンツ（情報の中身）は人事と機構改革の発表、決算の発表、新製品やイベントの発表、でした。発信する相手は新聞、テレビ、雑誌などマスコミで、メディアに掲載されることで目標は達成されるという方法論です。

　広報が発信する企業メッセージは、企業活動のさまざまな局面を

切り取って事実を魅力的に語ること。それが広報活動の基本です。

　コーポレート・コミュニケーションのコンテンツは、創業の熱い想い、企業ビジョン、ガバナンスの特長、意思決定の仕組み、情報システムの構築、サプライマネジメント、物流体制、教育研修の仕組み、企業文化、事業の特長、固有のビジネスモデル、モノ作りの特長、業界の特長と推移、業界の見方などで構成できます。

　BtoB企業の商品であっても、専門誌や業界紙が取り上げる切り口があるはずです。業界や市場で起こっている現象の解読の仕方を提示するのも、記者には喜ばれるテーマです。

　あるいは、企業イメージ調査の評価項目やブランドイメージの各種ランキングの評価項目などの切り口を自社に当てはめ、コンテンツにまとめるのも有力でしょう。

◉ メッセージの切り口

　発表できるコンテンツは、月別、季節別にそろえることもできます。定食ともいえるものです。

1月　年頭あいさつ、年度計画、中期計画、機構改革と人事異動
2月　決算、春の商品発表
3月　株主総会
4月　入社式訓示、新人の特長、教育訓練の内容、
　　　年度計画、中期計画、機構改革と人事異動
5月　決算、ゴールデンウイーク関連（休暇制度など）、
　　　夏の商品発表
6月　株主総会、ボーナス支給、ボーナス商戦市場、省エネ関連

7月　半期計画、機構改革と人事異動、夏季休暇制度
8月　半期決算
9月　冬の商品発表
10月　半期計画、機構改革と人事異動
11月　雑誌の年末進行への取材協力
12月　ボーナス支給、ボーナス商戦情報、年度末の話題、
　　　正月休み関連

　これらのコンテンツを用意し、記者が記事を書きたい時期を見計らって提供するのも広報担当者のセンスといえるのではないでしょうか。広報担当者は経営と企業文化の語り部となるのです。

◉ 現在から未来へ向かう道筋を語る

　広報の仕事は、どんな対象（ターゲット）に向けて、どんな情報（コンテンツ）を、どのような手段で発信するか、に尽きます。それなら、マスコミにプレスリリースを送付することではないかと考えてはいけません。何を伝えるのか。それはどんな意味があるのか。これが広報の基本です。

　上場して間もない企業、新規開業で広報活動を開始した企業、新規に広報部門を立ち上げた企業は、専門書を参考にしたり他社の発表事例を研究して、発表案件をどんな手順で準備し、どんなコンテンツで構成すればいいか、どんな手順が妥当なのかを考え、手探り状態で決算、経営方針、人事異動と機構改革、新製品やイベントの発表を実行し始めます。

　それまで人事部が所管していた事項は一般紙や専門誌、業界紙な

ど向けの人事組織の変更、人事・福利厚生制度の改変、リクルート向けの採用方針（どんな仕事があるか）、企業文化などがあります。経理部は決算と半期、通期の見通し、増資、資金調達など。総務部は社屋・工場設備の固定資産や車両の管理、M&A（企業の合併や買収）関連など。営業部は新製品や販促イベントの告知などがあります。

発表事項はそれまで経理部、人事部や営業部などの各部門が独自に実施していた案件を広報に移管集中して代行する形になります。

しかし、広報部門で最も必要なのは、企業が何を目指して事業を展開しているのか、それを理解してもらうことです。

それが企業のビジョンです。また、そこには企業のミッションがあるはずです。

○ ビジョンの策定とミッションの確認

知名度の高くない企業や団体は、まず業界や地域で認知されるのが最初の目標となります。資金調達、関連企業との円滑な関係作り、商品の知名度向上、人材の確保など、経営資源の有効活用と効率的な運用を期待することができるからです。

一方、既に広報部門の活動がルーティン化した企業では、情報発信の仕組みができているので、メディアとより友好的な関係を築くためにどうしたらいいのかと考えます。さらに進むと企業イメージの向上のための広報活動となって、広報活動の目標が次第に高くなっていくのです。

広報部門の使命は何かと考えても、一律に答えを導き出すことは

できません。企業が今、マスコミとどんな関係があり、企業の現状の知名度、業界のポジションなどはどんな状況で、どんなビジョンを掲げ、何を目指しているのか、中・長期の目標は何か、現時点の目標が何か、その次の目標は何か、広報活動によってどうなりたいのか、その過程を把握しておかなければ答えは見つからないのです。

広報の最も重要なミッションは、訴える対象に対する説明責任を果たすことです。企業がどんな目的でどんな事業を展開しているのか、それはどんな創業の理念に基づいているのか、どんな商品やサービスがあるのか、その経営資源は何か。技術、ノウハウ、スキル、人材、そして資金……などを動員したどんなビジネスモデルがあるのか、さらには社会との共生の仕組みはあるのか、といった事項が明確になっていることが必要です。

次のアクションはこれらのコンテンツ化です。

◉ どのように伝えるか

コーポレート・コミュニケーションのコンテンツは、発表期日が明確なものと、期日には特にこだわらないものの両方があります。期日がはっきりしているコンテンツはメディアに対して一斉発表が原則となりますが、そうでないものは特定のメディアや記者を選んでプッシュすることができます。

記事になりそうにないものでも、記者をターゲットに読んでもらい、記者の企業イメージを増幅させるようなコンテンツを作るのも効果があります。そのようなコンテンツは、記者に限定したホームページを開設したり、発表期日を特定する必要のないメッセージは

次のページの表のようにニュースレターなどの広報ツールで発信する方法もあります。

　企業がコーポレート・コミュニケーションの領域で発信できる情報にはおおよそ次のようなものが挙げられます。

◆経営
中長期経営計画、年度経営方針、経営戦略、新規事業、機構改革、業務提携、M&A、評価制度、人事異動、採用方針、給与・賞与、福利厚生、社長・経営陣パーソナリティー

◆財務
決算、経理、新規株式公開、資金調達、財産、資産、知的財産（ビジネスモデル）、開発・生産計画、設備改廃、設備投資

◆技術開発
研究開発、発明・発見、先端技術、特許・実用新案

◆マーケティング・商品・サービス
販売・生産実績、調査結果、新商品、新サービス、品質保証、製品保証、保守サービス、物流、調達、販売方式、販売チャネル、販促計画、販促イベント・展示会

◆行事・イベント
創立記念日事業、周年事業、スポーツイベント、地域交流、工場見学会、ボランティア活動、レクリエーション活動、寄付

◆CSR（企業の社会的責任）
環境報告、グリーン調達、CSR

◆ダイレクトコミュニケーション
社長懇談会（定例社長会見）、事業説明会、商品説明会、工場見学会

第 9 章　B to B 企業の広報戦略

● 広報ツールのターゲット

	ホームページ	会社案内	入社案内	イントラネット	アニュアルレポート	社内報	決算短信	ユーザー誌	チャネル誌	PR誌	リリース	ニュースレター	カレンダー	環境報告書	CSR報告書	配当	株主還元	協賛タイアップ	広告
社員	■		■	■		■							■						
リクルート	■	■	■																
顧客	■	■						■					■						
株主	■	■			■		■									■	■		
金融機関	■	■			■		■												
アナリスト	■	■			■		■												
サプライヤー	■	■											■						
販売店	■	■							■				■						
地域	■	■												■	■			■	
自治体	■	■												■	■				
官公庁	■	■												■	■				
マスコミ	■	■								■	■	■		■	■				■
専門誌	■	■								■	■	■		■	■				
業界紙	■	■								■	■	■		■	■				
業界団体	■	■																	
学会	■	■																	

◯ 広報は情報営業

　広報は、発表したメッセージをメディアに取り上げてもらおうとして記者に情報を押しつけています。いわば、押し売りです。
　この形態を商品の営業と比較してみましょう。
　B to B 企業であれ、B to C 企業であれ、どんな企業でもその経営

は保有する商品やサービスを販売することで成り立っています。その販売形態は、顧客や見込み客の業務の効率化、コストダウンなどの提案による問題解決型の営業が主流です。消耗品の購入はコスト削減を考え、商品の購入は業務の効率化に貢献するかどうかを第1に考えます。また、現在の営業担当者は顧客満足を考えなければ売れません。顧客（見込み客）は営業担当者が薦める（売りたい）商品を無条件に買うことはありません。売り手が売りたい商品を押しつけるのではなく、買い手にとってメリットのある商品であることを納得して買ってもらう、あるいは気付いていないが顧客の問題解決を支援する商品の販売が仕事なのです。

　この例を、広報担当者が記者を対象に情報提供するケースに置き換えてみましょう。広報の売りたい商品は「新製品情報や企業情報」ですが、記者の欲しい情報はそれでしょうか。

　広報担当者は自社の製品の優秀性ばかり訴える傾向がありますが、自社への思い入れの強い情報を記者はそのまま信用することはなく、参考に聞くだけです。その情報を記事にするときは、必ず裏を取るのが常道なのです。

　一般的な情報提供の場合、新しい商品やサービスの発表があった後、担当者は掲載してほしいメディアの記者にアプローチします。広報担当者の対応は、プレスリリースの送付と関連する情報提供、関心を持った記者の取材対応ですが、時には記者を訪問し、商品やサービスの説明をすることもあるでしょう。一般的な対応としてはそれで終わります。

　記者との関係は、取材が積み重なるに従って、次第に太くなって

いけばいいと考えるでしょう。それでも広報を長く担当していると面識のある記者が増えていきます。また、その記者がどんな情報に関心を持ち、どんな記事にまとめるか、記者の特性が分かってきます。しかし、記者の欲しい情報とは何でしょうか。

　経済紙・誌と専門紙・誌の場合は業界と製品周りの情報です。市場の売れ筋商品の傾向、トレンド情報、業界の勢力図、商品開発の話題など、経営にもたらす効果、収益への貢献度など経済的な側面、技術動向が関心の的となります。一般紙・誌とトレンド誌の場合は、新しい用途開発につながる新技術や、ファッション性、デザイン性などが関心を引きます。

　広報担当者（優秀な営業）は発信した情報（メッセージ）の掲載にこだわらず、記者（顧客）の関心のありそうな話題を社内や業界紙から集め、「これからこうなる情報」を専門家の立場からアドバイスしたいものです。自社の商品の広告塔ではなく、業界のメッセンジャーに徹するのです。その方が記者の信頼を獲得できるはずです。

◉ 情報の発信には広報のビジョンが必要

　社会からどのように見てほしいか、理解してもらいたいか、評価してもらいたいか、という広報ビジョンがなかったら、情報のアウトプットはできません。「今まではこうしていた」という習慣的なアウトプットを続けるのではなく、何のためにどのような情報をどのようにアウトプットするのか、つまり目標を明確にして、その実現のためにどういうシナリオが最もふさわしいのか。どのような切り口でどの情報を、どのタイミングで、誰に向かって、どうやって

出していくのか、まず現状を理解してもらい、次いで共感を獲得するプロセスを明確なビジョンのもとに決めなければなりません。

情報のアウトプットをどのように「演出」するかということで、企業イメージは大きく変わります。それを意識して、広報のコーポレート・コミュニケーションの方向性、演出の仕方という方法論にこだわってください。

◉ 広報リテラシー

広報リテラシーとは、広報がミッションを達成するために必要な基礎的な職務能力、スキルのことです。

広報の機能は読む、書く、話す、聴くの4つです。「読む」とは企業内で発生するさまざまなデータの意味を正確に判断すること、「書く」とは各種の企業データを編集して公表するコンテンツを仕上げること、「話す」とはステークホルダーに対してコンテンツの意味を伝えること、「聴く」とは社会の変化をフィードバックして企業内の価値観を社会の価値観とずれないようにバランスをとっていくことです。企業に対する顧客の要望や説明責任、企業統治に対する透明性の要請に対しての誠実な姿勢もここから生まれます。

広報リテラシーを高めると、そのスキルを見た記者は、広報の作業品質から企業イメージを形成していきます。

ステークホルダーは10者。そのうち5つがコアステークホルダーと言われますが、そのターゲットに向かって、何を、どのように伝えるか、そのスキルが広報リテラシーなのです。

第 **10** 章

まず社内広報から始める

なぜインナー・コミュニケーションが必要か

○ インナー・コミュニケーションの構図

　広報のターゲットはメディア（社外）とインナー（社内）に大別されます。社内広報のミッションは2つあります。1つはステークホルダー（企業を取り巻く関係者）である社員に対する広報活動、もう1つは社員のステークホルダーに対する広報活動を支援することです。インナー・コミュニケーションは、マネジメント面から見て4つのパターンに分類できます。4つのいずれも、企業内で業務を円滑に遂行するための情報の共有と行動規範の徹底によって、業績の向上とロイヤリティー（愛社精神）の醸成に役立つものです。

①トップダウン型——経営理念・ビジョン・経営指標・実績
②ボトムアップ型——報告・連絡・相談・提案・ロイヤリティー
③水平型——同期会・同窓会・文化スポーツサークル
④周辺型——家族・OB/OG

　この4つのコミュニケーション形式を、広報部門はどのような方法論で充実させていけばいいのでしょうか。情報発信の定型は「メディアを活用してステークホルダーに発信、不足なら広報ツールを追加、理念やビジョンの表現は標準話法を用意」です。この場合のターゲットは社内で、双方向のコミュニケーションが容易ですから、メディアは社内報とイントラネット、会社案内、ウェブ社内報を使

います。このほか、トップダウン型のメッセージは社内通達やメールも利用されます。ボトムアップ型は組織の下部から上部へのルートのほか社内報のアンケートなどが利用されます。水平型のコミュニケーションではSNS（ソーシャル・ネットワーキング・サービス）やブログも有効です。周辺型のメディアは社内報が定番です。

　広報業務面から見ると、社長と経営陣はスポークスマンとして社員に会社の進むべき方向や業績情報を発信するとともに、社外に発信したメッセージが掲載された記事となってフィードバックされま

● 社内広報の目的

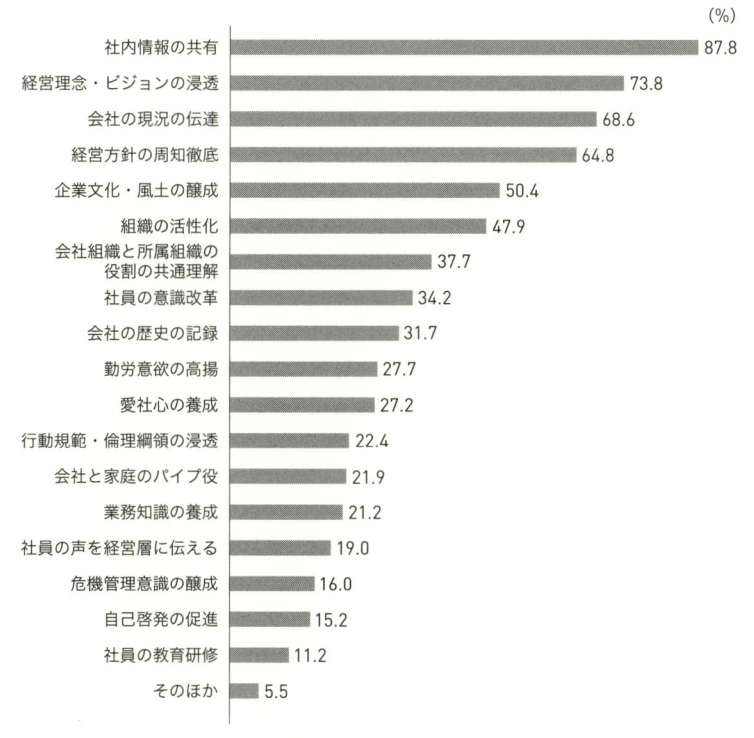

項目	(%)
社内情報の共有	87.8
経営理念・ビジョンの浸透	73.8
会社の現況の伝達	68.6
経営方針の周知徹底	64.8
企業文化・風土の醸成	50.4
組織の活性化	47.9
会社組織と所属組織の役割の共通理解	37.7
社員の意識改革	34.2
会社の歴史の記録	31.7
勤労意欲の高揚	27.7
愛社心の養成	27.2
行動規範・倫理綱領の浸透	22.4
会社と家庭のパイプ役	21.9
業務知識の養成	21.2
社員の声を経営層に伝える	19.0
危機管理意識の醸成	16.0
自己啓発の促進	15.2
社員の教育研修	11.2
そのほか	5.5

『社内誌白書2009』ナナ総合コミュニケーション研究所刊

す。ステークホルダーとしての社員はそれらのメッセージを直接間接に受け取って会社の状況を理解し、広報のメッセンジャーとして業務でつながりの深いステークホルダーに会社情報を発信します。

　企業にはステークホルダーを担当する部署がいろいろあります。顧客、見込み客、販売店は営業部門とサービス部門、株主は総務部門や株式課、仕入れ先や納入業者は生産部門や調達部門、金融機関や官公庁は経理部門、社員やOB、新規採用は人事部門の担当、などです。そのステークホルダーはすべて企業メッセージ発信のターゲットとなります。一人ひとりの社員がそれぞれ自分の担当するステークホルダーと接するとき、社員は会社を代表するスポークスマンとなっているのです。

●「企業の論理」と「社会の論理」

　社会は企業に今、何を求めているのでしょうか。

　企業には、2つの方向から視線が向けられます。1つは企業を外から見つめる社会の視線、もう1つは企業を中から見つめる従業員の視線です。これは企業に対して、2つの価値観があることを意味しています。

　かつては「企業の論理」と「社会の論理」の2つが存在し、それを調和させようと考えることはありませんでした。社員には「企業は特定の個人のものではないのだから企業の中と外で価値観は違って当然」という考え方があったのです。しかし1990年代の初頭、企業は持続的な発展を考えたとき、顧客満足を考えなくてはいけないことに気付き、徐々に顧客（社会）の論理を受け入れ、公共性の

獲得に努力してきました。今では「社会の論理」と相いれない「企業の論理」は社会が認めない風潮が強まっています。企業の内側からの視線は外側からの社会の視線に近づき、同一化することを余儀なくされてきたのです。会社内で通用している「企業の論理」を「社会の論理」に限りなく接近させることは、21世紀型広報の大きなテーマなのです。

では企業とはいったい誰のものでしょうか。大きく分けて、株主・社員・顧客の3者のものであるといえます。企業はそれぞれに対して果たすべき使命を持っています。株主に対しては利益を、社員に対しては雇用を、顧客に対しては商品とサービスの提供、またそれらの基盤となる社会に対しては納税と雇用、さらに最近は企業の社会的な責任（CSR）までもが求められています。企業にとってはそのどれもが正しく、3者すべてを満足させるような業績や振る舞いが企業の使命だと考えられます。

かつてはこの3つの目的のうち、株主に対しての利益、つまり企業活動の経済的な側面が重視されたのですが、現在では3つの目的のどれもが欠くことのできない重要な要素になりました。利益の追求だけではなく、企業経営の枠組みや事業活動のプロセスも重要な評価対象になります。企業は3つの目的をバランスよく達成することで初めて社会性を獲得するのです。

企業が使命を果たすために達成すべきビジョンは「強い会社」（株主の視点）、「いい会社」（社員の視点）、「尊敬される会社」（顧客の視点）の3つの評価軸でとらえることができます。

「強い会社」へのハードルは、長期的な発展を支える財務指標と

経営コンセプトを明らかにして、株価の維持向上と安定株主の獲得を狙うIR（投資家向け広報）を充実させること。一般的には事業報告書、IR報告書などのメディアです。

「いい会社」へのハードルは、やりたい仕事をさせてくれ、働きがいのある職場を提供し、持続的な成長を可能とする企業風土を育むこと。社員満足度が高く、社員が誇りを持てる会社です。

「尊敬される会社」へのハードルは、企業が社会の構成員としての責務であるコンプライアンス順守は言うまでもなく、持続可能な発展の基盤となる地球環境問題への配慮と対応、社会意識の変化と個人の価値観の変化に対応したCSR経営を導入していることなどが挙げられます。環境経営年次報告書、CSR経営報告書、サスティナビリティ・レポートを刊行している会社が増えてきたことからも、この評価軸の重要性が分かるでしょう。

企業はビジョンを達成することで企業価値を高め、ビジネス環境を好転させ、社会との良好な関係を築くことができるのです。これらを実現するために経営理念とビジョンを掲げ、経営目標を設定し、その実現に向けて具体的な行動基準を共有することがインナー・コミュニケーションの基本となります。

○ インナー・ブランディング

会社が信頼を獲得するためには優れた商品、価値ある商品が必要ですが、会社はどこへ行こうとしているのか、社員は何のために活動するのか、どのような基準で仕事を進めるのか、これらを明文化し、共有する持続的な企業行動も欠かせません。事業スタイルや企

業文化がブランド価値を形成するという考え方は、1980年代に流行したCI（コーポレート・アイデンティティー）活動以来のものです。

当初はロゴタイプの制定などビジュアル面での変革にとどまり、精神的な領域まで踏み込んだ変革には至らなかったのですが、1990年ごろからCS（顧客満足度）重視の経営、ES（従業員満足度）の台頭を経て、個性的な会社作りを目指した経営品質重視経営、ブランド価値の重視へと続き、ウェイ・マネジメント（企業理念の浸透）が脚光を浴びるようになりました。このようなビジョンの共有、事業基盤の確認、企業文化の醸成、継承を目指した活動も、インナー・コミュニケーションの領域となります。

広報部の役割と情報収集の仕組み

◎ 広報部は情報の管理部門

インナー・コミュニケーションにおける広報部門のミッションの1つは「企業内情報の管理部門」としての役割で、企業と社会との関係性を情報の面でコントロールすることです。

企業の経営資源はヒト・モノ・カネの3つに情報が加わって4つと言われています。組織編成・人材育成・福利厚生などのヒトにかかわる管理は人事部が担当します。不動産・固定資産・企業のM&A（合併や買収）・提携・知的財産などのモノにかかわる管理は

総務部が担当します。会計・財務・金融資産などのカネにかかわる管理は経理部が担当します。

広報部門は第4の経営資源「情報」を管理する部門として、企業内情報のストックとフロー、企業メッセージのコンテンツ化、情報発信のハブ機能をもつ管制塔としての役割が求められます。つまり、「企業のコミュニケーションセンター」となることです。

社内の各部門で発生する業務情報は、広報部門が管制塔の機能を持っていないと野放図に流出します。情報流出リスクは、研究開発部門や経理、事業統括部門などでは厳重に管理され社外秘扱いとなっていますが、物流や情報システムなどの業務研究会が盛んな分野では専門家間の研究課題としてかなり深いテーマまでもが外部に公開されることがあります。

そのような事例を集約し公開された情報をまとめてみると、情報リスクといえるほどの漏えいが確認できます。このような事態を防ぐため、情報の公開基準作りと発表情報の申告制など情報発信の基準を作ることで、広報部門の役割をアピールすることになります。

さらに、社内各部門で制作される環境報告書、CSR報告書、決算短信、入社案内など各種パンフレットなどの制作にノウハウの提供を続けると、次第に頼りにされ、次年度からの協力依頼が来るようになります。市場情報、売上情報に業界内データを合わせて関連部門に提供するなど、情報の管理部門は簡易データバンク機能を高めていきます。そういった状況が生まれると、急速に広報への信頼が高まり、情報管理部門としての存在が認知され始めます。情報の管理部門というポジションは、データサービスや制作物協力などによ

って確立されるのです。

　さらに、社内の顧客サービス部門をまとめて、情報サービス部、株式課、お客さま相談室など、顧客との接点にいる部門のクレーム検討など情報交換をルーティン化し、情報収集を進め、リスクの芽を早く摘み取る仕組みを作っていくことも必要です。

◯ 情報を集める仕組みを作る

　広報の観点で見ると価値のある情報が社内にはたくさんあります。新製品の発売、マーケットの変化などは広報にとっては有益な情報です。

　これは誰にとって重要かという評価を加えてアウトプットするという点で、広報は社外マスコミであるといえます。一つひとつの情報を吟味して、評価して、アウトプットする。そのアウトプットに対する評価が高ければ良い広報ということになります。そのためには常に社内にネットワークを持ち、社内のニュースが集まる仕組みを持つことが大切です。担当者を分けて、各部門の情報を集め、集まった情報を分類整理して、メディアごとに出すという一連の仕組みを作るといいでしょう。

　広報にとって何が役に立つ情報となるのかは情報発生の現場の担当者は分からないものです。担当者にとっては当たり前の話でもマスコミに流したら面白いという情報があります。慣れてくれば担当者の情報の感度も上がってくるでしょう。社内で広報的な視点を育てるのも、情報収集を効率化するためには必要な作業で、キーワードはニュース（新しさ）とトレンドです。

現場情報を広報に蓄積するとメディアに取り上げてもらえるかもしれない——。その意識を社員が共有していると、情報収集は効果的に行われるでしょう。全体としてそのような意識があるかないかで広報担当者と社員の行動が変わってきます。情報収集といっても、新製品、人事異動、決算など新聞に流す情報だけではありません。採用や評価制度の変更、新入社員の動向などもニュースになりえます。企業の情報としてアウトプットするということを考えれば、あらゆる施策や活動の変化はニュースになりうるのです。

　例えば、決算ひとつにしても「ソフトウエアとハードウエアに対する投資の比率が変わった」など、集まってきた情報・具体的なデータに対して「広報の目」で何がニュースになるのかという判断を下さなければなりません。

　広報に情報が集まる仕組みを作ることはルーティンワークではありません。新製品発表ならルーティン化ができているかもしれませんが、業務の評価の対象にならない雑多な情報の提供に関して、他部門に協力を仰ぐことは容易ではありません。だから社内にネットワークを作っておく必要があるのです。ニュースを提供する側も経験の積み重ねによって広報の評価尺度が理解される。こういう情報がこういう風に生かされるというケーススタディーができてきたら、担当者の広報マインドの向上と貢献を命令系統の上司に報告することで、担当者は動きやすくなると同時に評価も上がります。また、事業部単位での広報教育にもつながり、評価される仕組みができることで、情報の集まる仕組みを作りやすい環境が出来上がります。社内情報を集めるにはこのような地道な努力が欠かせません。

どのように情報発信していくか

◯ 会社を語る標準話法の作り方

　社員が何人いても1種類の表現で会社を語ることができれば、あらゆるステークホルダーに対して広報目標の達成に必要な正確な企業イメージを発信できることになります。

　会社を語る標準話法は、1分版約250字、5分版約1200字の2種類用意することをお勧めします。

　「1分間の自社紹介」は、名刺交換した後で「1分聞いてもらっていいでしょうか。ちょっと自社紹介させてください」といって使えるフレーズですが、作るのは意外に難しいものです。まず文体は、話し言葉です。盛り込む内容は、「こんな企業理念やビジョンをもっていて、こんな業種で、このような事業・主要な商品・商品ジャンルで、こんなビジネスモデルやサービスで、こんな現況で、魅力はここにある」を中心にします。

　あくまで具体的な事実を述べ、伝統とか、大規模とか、業界トップクラスの〜とか、ほかの会社の表現に置き換えても使えそうな表現・抽象的な表現は使ってはいけません。そこに特長があるのなら具体的な表現にしましょう。とにかく1分しかないのですから、会社の魅力の源泉を短い表現で、大胆に、しかも全容が推定できそうな言い方を話し言葉で作ってみるのです。これができたら、次は社

員全員で使う仕組みを作ること。そして、会社案内やイントラネットで周知徹底を図ります。この話法の効果は抜群で、効果が実感できればもっと詳しいものも欲しくなってきます。2000〜2500字で作れば、これは会社案内にも使えます。さらに、入社案内、決算短信など、利用の範囲は限りなく広がるはずです。

【標準話法の参考例】 東邦電機工業株式会社（1分版）
当社は、1944年の創業以来、鉄道向けに踏切や信号機器を製造・販売し、間もなく70周年を迎えようとしております。
鉄道の安全・安定運行の一翼を担う企業として、フェイルセーフ思想を組み込み、堅牢(けんろう)で環境問題にも配慮した製品を、全国展開でご提供しております。
中でも、LEDを使った斬新なデザインの全方向踏切警報灯は、グッドデザイン賞を受賞し、踏切の歴史を変える商品となりました。
鉄道産業は安定市場ですが、成熟化や系列化などにより、新製品が誕生しづらい状況にあり、顧客の潜在需要の発掘を重視した活動を展開中です。

　自己紹介するとき、いいことばかり吹聴しますか？　嫌みに聞こえますから、そんな人はいませんね。しかし、会社のことはどうでしょうか。
　会社を紹介するとき、卓越した企業統治、優れた技術、優秀な人材、市場をリードする販売力など、あれもこれも優れた会社ですと言っていませんか。これって、恥ずかしくありませんか。

こんな言い方をしたら話す人（広報担当者）の品格まで疑われてしまいます。当然、話は信用してもらえないばかりか、この人（この会社）の言うことはあまり信用できない、と思われてしまうのです。

◉ 広報ツールとしての社内報とイントラネット

社員はステークホルダーであるとともに、企業メッセージのメッセンジャーの面を持っています。会社内のメディアで重要なのは社内報とイントラネットです。社内メディアとはいえませんが、ウェブ上のホームページも有力なメディアで、次いで会社案内が挙げられます。

社員をターゲットにしているこれらのメディアは、企業理念・ビジョン・経営情報の共有、ロイヤリティーの向上、企業文化の醸成

● ウェブ社内報の特性を生かしたコンテンツ

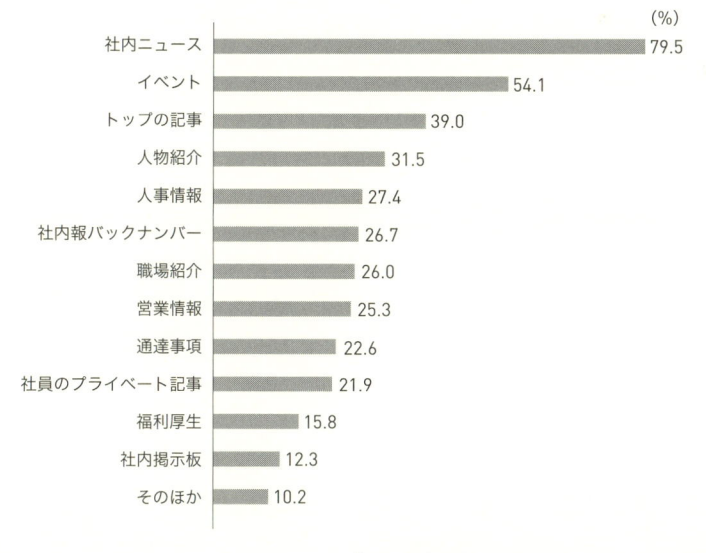

コンテンツ	(%)
社内ニュース	79.5
イベント	54.1
トップの記事	39.0
人物紹介	31.5
人事情報	27.4
社内報バックナンバー	26.7
職場紹介	26.0
営業情報	25.3
通達事項	22.6
社員のプライベート記事	21.9
福利厚生	15.8
社内掲示板	12.3
そのほか	10.2

『社内誌白書2009』ナナ総合コミュニケーション研究所刊

と継承をコンセプトとして作られます。私たちは何のために事業活動をするのか、どこへ行こうとしているのか、どのような基準で行動しようとしているか、現時点でどこまで達成されているのか、これらの認識を徹底して共有することがインナー・コミュニケーションの究極の目的です。

社内報というツールは広報部門の設置以前からあり、ロイヤリティーの向上や人事融和などを目的として作られていました。人事が管轄する業務とされ、広報的な効用は認知されていませんでした。広報という業務が確立してくるに従って、人事から広報に業務移管されて、社内報の位置付け、狙いが変わってきました。企業理念やビジョンを解説し、企業のアイデンティティーやミッションの共有などに役立てる広報的な活用に重点が移ってきたのです。

社内広報ツールの制作にあたっては、どのようなミッションに基づいて何を目標とするのか、どんな事業を展開する会社か、どのような生産・販売活動をするのか、どのような企業文化を醸成していくのか、という基本的な理念を作って、社内でコンセンサスを取ります。その基盤ができたら「広報活動はこういう方針で展開する」という広報ビジョンを展開します。

時流によって揺らぎはありますが、社員と経営陣が共に企業理念の実現に向かうのが基本型となります。社員と株主に対して、この会社は何をする会社なのかも明示しなくてはなりません。株主に対してはIRなどでその方法が一般化されていますが、社員に関しては一般化されていません。そこで社内報という広報ツールが必要になってきます。

企業は株主、社員と特に距離が近く、企業の一部と言ってもいいほどのものです。株主に対する情報発信はツールも固まって、固定化しています。社員に対しては社内報がすべてではありません。

かつては経営陣が発信する「しっかり読みなさい」というツールから仲間内の新聞とかサークル誌的な色合いを帯びていました。会社の理念とか経営目標達成のためのツール、経営陣の広報誌から社員全員の情報誌になってきています。

◯ 社内報のコンテンツ（情報の中身）

社内報は社員の情報誌と考えればコンテンツはどんなテーマでもいいのですが、大きな目標は経営方針の共有で、企業が進むべき方向性をみんなで確認するツールです。企業の規模が拡大してくると、仕事の中身、世代の幅が出てきて、事業部ごとに文化が違うなど、みんなが何をやっているのか分からなくなってきます。そんなときには、お互いを理解し、目標を共有して企業全体のベクトルをそろえ、パワーを結集することが必要になってくるのです。到達目標は、社員の誰もが会社を好きになることです。

相互理解という点では、社内のクラブ活動紹介や、会社以外の生活の紹介、趣味の紹介などもコンテンツになります。社内では「こんな部署でこんな仕事しています」といった部署訪問などの紹介記事、あるいは営業拠点紹介。

さらには経営方針とか、社員全体の意見をまとめたアンケート系のコンテンツ。この会社のココが好き、ココが嫌い。表彰された人、入社した人、辞めた人。企業活動の中で起こっていることの中でも

社員向けに意味のあるニュースネタはたくさんあります。健康診断の項目が変わったとか、レクリエーションルームに卓球台が設置されたとか。広報として外に向かって言えるもの、内向けに言えるもの両方があります。福利厚生的なもの、経営的なもの、総務的なもの。社員にも新製品情報。企業が活動していくいろいろな局面で起こること、担当している人の気持ち、世代間、職務を通じたつながりという点で考えれば、アンケートや意見の集約、企画のテーマはいくらでもあります。それが広報（＝編集者）のセンスです。

　職場の情報交換、硬直したヒエラルキーを崩すツール、下から上に向かって物を言うためのツールにもなりえます。それは担当者の考え方次第でいくらでも面白いものになるのです。また使い方次第ではマーケティングに有効なツールにもなります。社員が賛同しないことに世間が賛同するわけがありません。社員を一番友好的な顧客と考えれば、社員が振り向いてくれない製品が売れるわけがないのです。

　「こんなことを書いたら上に怒られる」、経営上の問題だという判断から、自己検閲的に制約するということがあるかもしれませんが、フランクに好き勝手なことを書いた方が円滑なコミュニケーションができる効果もあります。多少の「脱線」、「暴走」にも目をつぶりましょう。会議と同じような堅苦しい社内報では誰も読みません。

　読者のニーズに応えるという意味では雑誌と同じなのです。一般社員の方を向いていないと支持されません。会社もそれを認めるようになってきました。なぜなら、それは会社の価値観が社会の価値観に近づいてきたからです。会社や経営陣を守るという姿勢がマイ

● 人気の社内報企画ジャンル

トップメッセージ・経営方針・会社の動き	顧客
グループ会社・グループ商品	外部の人登場
海外の出先・出張	職場紹介・人物紹介
ブランディング	仕事・業務
CSR・地域・環境	人事施策・社内制度
業界・業務知識	女性社員
商品・製品・技術・品質	歴史・記録
プロジェクト・イベント	調査・アンケート
	意識改革

『社内誌白書2009』ナナ総合コミュニケーション研究所刊より抜粋

ナスの価値評価につながるのです。ですから、内向きのものの見方や価値基準を持っている会社は企業としての存続を危ぶまれるようになってきました。風通しがいい方がいいという共通理解が生まれたのです。商業雑誌と同じ価値観を持たないとゴミ箱に捨てられてしまいます。社内報といえども、読まれないと意味がありません。大半の読者である一般社員のニーズに応えることを第1に考えます。

　上の表は社内報で人気のある企画です。会社の現状と広報の目標に沿って企画を選択してください。

◉ 社員は会社を好きになりたい

　インナー・コミュニケーションの課題は、M&A（企業の合併や買収）や中途採用の増加などで、社員の連帯感や帰属意識が希薄になっている中、社員を結束させ、組織力を高めることです。

　社員は、自社の現在から未来への変革を表明する企業情報に敏感です。経営方針と事業展開の現状と将来をもっと知りたい、企業理念や文化を誇りに思いたい、会社の業績や存在感をもっとアピールしたいという前向きの姿勢があり、同時にそこで得た情報を外部に伝えたいという欲求があります。

　会社は未来へ向かってどのようなビジョンを達成するのか、トップと社員の信頼関係の再構築と課題解決の意識の共有はどうするのか、モチベーションの向上はどうするのかなどはトップダウンによる言語化された表現とシナリオがあります。しかし潜在化している企業風土とその変革にも同様に言葉を与えなくてはいけません。

　いわゆる「〜らしさ」の定義がそれです。「〜らしさ」はどの企業でも頻繁に使われている、その会社特有の価値観に基づいた行動様式のことで、言語化できれば、インナー・コミュニケーションの強力なツールとなります。文化の共有は言葉の統一によって達成されます。しかしながら、社員の一人ひとりは会社を表現する言葉もシナリオも持っていません。往々にしてそれは企業内言語（社会で通用しない企業方言）で語られることもあります。それを標準語化し、体系化し、物語に仕上げるのがインナー・コミュニケーションに携わる広報担当者の肝といえるでしょう。

第11章

広報がかかわる IR 活動

IRは企業広報

◎ 目的は同じ、IRと広報

　インベスター・リレーションズ（IR）は、「投資家向け広報」と言い換えられることが多いようです。広報とは言っても、企業のIR担当者も、IRの対象である証券アナリストや機関投資家も、IRは広報とは別のものと考えてきました。広報担当者の中にも、IRは広報とは異なる領域だという認識を持っている人が少なくありません。その理由として、

① 歴史的に広報とは異なる発祥と背景を持っていること
② 対象が、投資家やアナリストなどの金融マーケット関係者にほぼ限定されていること
③ 財務に関する知識、金融関係の法令や証券取引所の適時開示規則などの知識、金融マーケットに対する知識など、一般社会を対象とする広報とは異なる知識やスキルを必要とすること

などが挙げられます。もっともな理由ではありますが、企業を取り巻くさまざまな環境の変化は、広報とIRが別々に活動することを許さなくなってきました。

　財務は、企業の中でも特別な知識を必要とする仕事という認識が歴史的に強かったようです。企業に勤めていても、貸借対照表（BS）や損益計算書（PL）などの財務諸表を理解できる人は少なく、そ

のような財務データの説明を求められるIRには財務部門の経験者が配属されるケースが多かったのです。

　財務データは、もちろん投資家にとって基本的な重要情報ですが、一面では決算という過去の数字を示したものにすぎないともいえます。投資は将来のリターンを求めるものですから、より重視されるのはその企業が将来にわたって利益を積み重ねていけるかどうかという将来価値です。将来価値があると判断されれば、たとえ赤字決算であっても投資対象とされるのに対して、好決算企業であっても、将来の成長に疑問を持たれれば投資対象から外されてしまいます。

　自社がどのような成長戦略を持っているのか、どのような新技術を開発しているのか、どのような新製品を市場に投入しようとしているのか、どれほど環境の保全に努力しているのか、どのような不法行為の防止策を講じているのか、などなどを説明しなければ、内外の機関投資家や個人投資家に投資行動を起こさせることは不可能です。このような活動こそが本当のIRであり、単に財務の知識を説明するだけでは投資家の要求に十分応えられません。これは限りなく企業広報に近いといえるでしょう。

　米国IR協会（NIRI）は、2003年にIRを次のように定義しています。「インベスター・リレーションズは、企業とそれを支える人たちとの間に最も効果的な双方向コミュニケーションを実現するため、財務、コミュニケーション、マーケティング、そして証券関係の法令遵守（じゅんしゅ）を統合して、戦略的に経営者が行うべき責務であり、それによる結果として、企業の株価が公正な価値評価を受けることになる」

　企業を支える人たちとは、株主や投資家を含むステークホルダー

のことですが、そのような人たちとの間で双方向のコミュニケーションをするというのは、IRであると同時に企業広報そのものです。

企業のレピュテーション（評判）を高め、企業ブランドの価値を高めようと努力することは、企業の将来価値を高めることにつながり、上場企業であれば、その結果は理論上、株価に反映されるはずです。そのように考えれば、IRと企業広報は同じ目的を持つ活動であるといえるでしょう。

◯ IRに無関係の企業・団体はない

非上場企業や外資系企業の広報担当者の中には、IRは上場企業だけの問題であって、自分たちには関係ないと考えている人たちもいます。これは明らかな誤りです。例えば非上場企業が上場企業と業務提携をすることになったら、上場企業の側は証券取引所の規則に沿った発表方法を要求するはずです。そうしなければペナルティーが課せられる可能性もあるからです。プレスリリースの発表内容にも定まった書式を要求されるかもしれません。

外資系企業の日本法人が日本国内での企業活動に関して発表を行おうとするときには、必ず本社の承認を受けることを義務付けられているはずです。これは本国で上場している本社が、IR上の問題点がないかどうかをチェックすることが1つの目的です。投資家たちは、リアルタイムで情報を集めており、小さな情報から企業の大きな変化を読み取ろうと、世界中に目を光らせているからです。

このように、一見IRとは無縁と思われる企業や団体でも、IRに対する知識と理解がなくては、広報活動に支障を来すことにもなり

かねません。

広報と異なるIR特有の仕事

◯ 決算発表と適時開示

　IRの最大のイベントは決算日から45日以内に行われる決算発表です。現在は四半期ごと、年4回発表されます。東京証券取引所（東証）に上場している企業を例にすると、決算発表は東証の運営する適時開示情報閲覧サービス（TDnet）に登録し公開することによって行われます。多くの上場企業では、発表と同時に東証内の記者クラブである兜倶楽部(かぶとくらぶ)で説明（レク）を行います。

　決算発表に引き続いて、証券アナリストや機関投資家のファンドマネージャーなどを対象とする決算説明会を開催します。証券アナリストとは証券の分析や企業評価を行う専門家です。機関投資家とは、信託銀行や保険会社、投資信託など企業として証券の運用を行っている会社のことです。決算説明会は発表当日か、遅くとも数日内に自社内のホールや貸し会議室などを使って開催します。四半期ごとに行う企業や第4四半期に年1回だけ行う企業などさまざまですが、年に1回以上は経営トップ自らがプレゼンテーションを行うのが一般的です。説明会の代わりに、カンファレンスコールと呼ばれる電話とネットを利用した説明会も行われます。英語でのカンファレンスコールなら海外の投資家も参加できるので喜ばれます。

決算発表が終わると、翌日から証券会社や機関投資家のアナリストなどが取材に訪れます。売上高や利益などの業績数字の裏側にある事実を調査して、企業業績の実態を分析するためです。同時に来期以降の業績予想についても、その根拠を確認します。企業の方から機関投資家を訪問したり、投資家を数社集めてじっくり業績や経営戦略について意見交換をするスモールミーティングを行ったりすることもあります。これらが一段落したころ、トップや財務担当役員が海外の投資家を訪問する企業もあります。これを海外ロードショーと呼んでいます。

　年度の決算後3カ月以内に、定時株主総会を開催することが会社法により定められています。株主総会というのは、株式会社における最高の意思決定機関とされています。日本企業では株主総会の業務は歴史的に総務部の仕事とされてきましたが、最近はIR部門や広報部門が積極的に関与する例が増えてきました。総会は絶好のIRの場でもある、という認識が広まってきたからです。

　スケジュール化されている決算発表とは異なり、企業がその時々の経営判断で行う決定の中には、投資家の投資判断に重大な影響を与えるものがあります。そのような決定が行われたときは速やかに発表しなければなりません。災害で大きな損害を受けたときや、業績に大きな変化があったときなども同様です。これを適時開示と言います。発表が遅れれば遅れるほど、その間に情報を知る人たちの数が増え、中にはそれをもとに株式の売買をして不当な利益を得ようとする人も現れかねません。これがインサイダー取引であり、市場取引の公正性を危うくしてしまいます。重要事項は速やかに発

● IRの主な業務

1. 決算発表（四半期ごと）
    ・決算短信、ファクトブック、そのほか説明用資料の作成
2. 決算説明会（年1～4回）
    ・説明用スライド、資料の作成
    ・動画配信
3. 制度的開示・適時開示
    ・開示資料（≒プレスリリース）の作成
4. アナリスト・ファンドマネージャーらの取材対応
5. 機関投資家訪問
6. スモールミーティング
7. カンファレンスコール（電話会議）
8. 個人投資家向け会社説明会・事業説明会
9. アナリスト・機関投資家向け工場・研究所見学会
10. 海外投資家訪問（海外IR、ロードショー）
11. IR用ツールの制作
    1. 有価証券報告書
    2. アニュアルレポート（年次報告書）
    3. 株主通信
    4. ファクトブック
    5. IRサイト
    6. CSR報告書、環境報告書、知的資産経営報告書　など

表（適時開示）する必要があります。特に重要事項は、取引所の適時開示規則で細かく定められています。

◯ 多すぎるIRの報告書

　決算発表の資料として真っ先に配布される文書が決算短信です。決算に関するプレスリリースの役割も担っています。プレスリリースと異なるのは、取引所の規定のフォームに従って作成されることです。これは上場企業間の業績を比較しやすいように（比較可能性と呼ばれます）することが目的です。短信には、1ページ目のサマリー情報や財務諸表などのデータの部分と、経営成績などの文章で書かれた定性的情報の部分があります。データの部分は2008年以降、XBRLという言語で書かれるようになり、他社との比較や過去のデータとの比較が容易になりました。XBRLはさらに拡大して、定性的な説明の部分にも応用されようとしています。

　決算短信（決算発表）が決算日から45日以内と速報性が重視されるのに対し、より正確性が重視されるのが、決算日から3カ月以内に金融庁の各財務局に提出される有価証券報告書です。

　これら決算短信、有価証券報告書、四半期報告書などは、制度化された報告書であって、上場企業は必ず作成しなければなりません。

　一方、企業が任意に発行している報告書があります。その代表がアニュアルレポート（年次報告書）です。もともと欧米企業が発行していたものに倣って、海外の投資家向けに発行するものなので基本は英語です。日本語版を発行している企業もありますが、残念ながら国内の投資家はあまり利用しないようです。アニュアルレポー

トは、数表と文章だけの地味な有価証券報告書とは異なり、カラフルで写真や図表も多く、企業の個性を感じさせるものとなっています。アニュアルレポートのコンテンツ（情報の中身）としては、①社長（CEO）のメッセージ、②ビジョンやミッション、③財務ハイライト：財務諸表と部門別の業績、状況の説明、④自社の強みや将来の戦略、⑤役員の紹介などのほか、コーポレートガバナンス（企業統治）、CSR（企業の社会的責任）、環境問題などへの対応も説明されています。投資家がこれを読めば企業活動のあらましが理解できるという報告書なのです。

しかし、CSRに関してより詳しく知りたければ、CSR報告書が発行されています。これとは別に環境報告書を発行している企業もあります。事業価値を高めるとして経産省が推奨している知的資産経営報告書を作成する企業もあります。こんなに報告書があって本当に読まれるのか、という疑問が起こるのは当然です。企業にとって制作コストの負担も小さくありません。また、それぞれの報告書に記載された内容に差異があるなど、同一企業の報告書でありながら統一性を欠く場合もあります。

企業で環境対策を担当している方に「企業の発行する報告書の中で最も読まれないと言われている環境報告書は何のために発行しているのですか」と手厳しい質問を投げ掛けたところ、「毎年報告書を作成することによって、環境対策が強化推進される効果があるから」という答えが返ってきました。環境担当者のモチベーションを高めるという側面も確かにありますが、読み手のニーズに配慮しない報告書に存在価値があるのかどうか、はなはだ疑問です。

◯「1つにまとめる」という新しい発想

　このような報告書の問題を解決するために主にヨーロッパで提唱され始めたのが「ワンレポート」という考え方です。アニュアルレポートを含めて、これまで別々に発行されてきた複数の報告書を1つに統合してコンパクトにまとめてしまおうというものです。初めは投資家の利便性向上を目的に発想されたものですが、ステークホルダーにその企業や団体の活動を理解してもらうツールにしようと検討が進められています。

　1つの報告書を読むだけで、その企業の経営理念から財務情報、ガバナンス、環境、社会的責任に至るまで知ることができれば、投資家や株主ばかりでなく、環境に関心の高い消費者にも、経営理念に共感を求める学生にも有益な報告書となるでしょう。会社案内としても活用できそうです。

　このような動きはいずれ日本にも影響を及ぼすと考えられます。そうなると、IR担当者だけでワンレポートを作成することは不可能です。社内の情報を統合し、すべてのステークホルダーに向けて発信する役割を担うのは、広報の担当者の役割です。

　IRは、金融マーケットの参加者を対象とするという点で、消費者や一般社会を対象とする広報とは異なる側面を持っています。しかし、企業の将来価値を高めようとする目的は同一であるはずです。その意味で、IRを広報の一部と位置付け、広報とIRの担当者が緊密な連携を保ちつつ活動することが、企業目的にかなったあり方であると言えるでしょう。

第 12 章

地域に笑顔を生む
―― シティプロモーションという仕組み

シティプロモーションとは何か

○ 名産品を売ればいいわけではない

　シティプロモーションという言葉が多くの自治体で使われるようになってきました。シティプロモーションという用語を使っていなくても、シティセールスや地域イメージのブランド化といった言葉で同じような内容を表している自治体も多くなりました。
　では、シティプロモーションとは何でしょうか。まず「『私たちのまち』を伝える」と考えてみます。そう考えれば、シティプロモーションは単に役所の仕事とは考えられなくなるでしょう。
　企業で広報にかかわっている方、NPOで広報に関心を持っている方、もちろん多くの市民の皆さんが、それぞれに目的を実現するためにシティプロモーションという発想を使いこなす。この章はそのきっかけを作るものです。
　そう考えた上で、あらためてシティプロモーションとは何かを考えれば、「地域が連携しつつ、さまざまなステークホルダー(地域を取り巻く関係者)が、生き生きと活動を続けるために、地域の魅力を発掘し地域の内外に効果的に訴求し、それにより、人、モノ、カネ、情報などの地域にとって資源となるものを確保・獲得すること」と述べることができます。
　そう考えれば、有名な地域産品を売り出すことがシティプロモー

ションではないことが分かります。たとえおいしい餃子(ぎょうざ)が有名だとしても、その餃子を売り出すだけであればシティプロモーションにはなりません。

　餃子を活用するにしても、自然、歴史、人、産業、産品、政策などの地域魅力が多様に発見されることが前提です。そこで確認された地域の資源を、おいしい餃子、それが食べられる場所、それを楽しむ人々、そこに込められた思いなども含めて編集することで地域のイメージを形成することが重要です。その上で、その地域のイメージを地域の内外に向けて戦略的、継続的に伝えていくことが大事です。それらによって、他地域と比べた差別的優位性を明らかにして、地域イメージのブランド化を実現します。そのことで地域の付加価値を上げ、資源を獲得することが必要になります。

　ブランド化というものの意味である、差別的優位性の確立→評判の構築→信頼の連鎖を、シティプロモーションにおいても着実に行っていくことが必要です。

シティプロモーションはどうしたら成功するのか

◯ 基盤としての戦略的な発想

　シティプロモーションを成功させるにはどうしたらいいでしょうか。そのためには、戦略的な発想を基礎にすることが必要です。そして、発見・確認・創造した地域の魅力を、いき当たりばったりで

はない発想で地域の内外に訴求することも求められます。その上で多面的な評価を行いつつ、シティプロモーションを進めることが重要です。

　戦略的な発想とは、明確な目的を定め、その目的を達成するための手順を明らかにすることです。腑に落とすという表現をしてもいいでしょう。自分たちが何をやっているかを腑に落とし、納得しながら仕事を進める。それがなくては、シティプロモーションの成功を収めることは困難です。戦略的な発想について詳細を述べる代わりに、図を示してみました。それぞれの段階で「なぜやるのか」を、腑に落とすことが大事です。

● 戦略的発想模式図

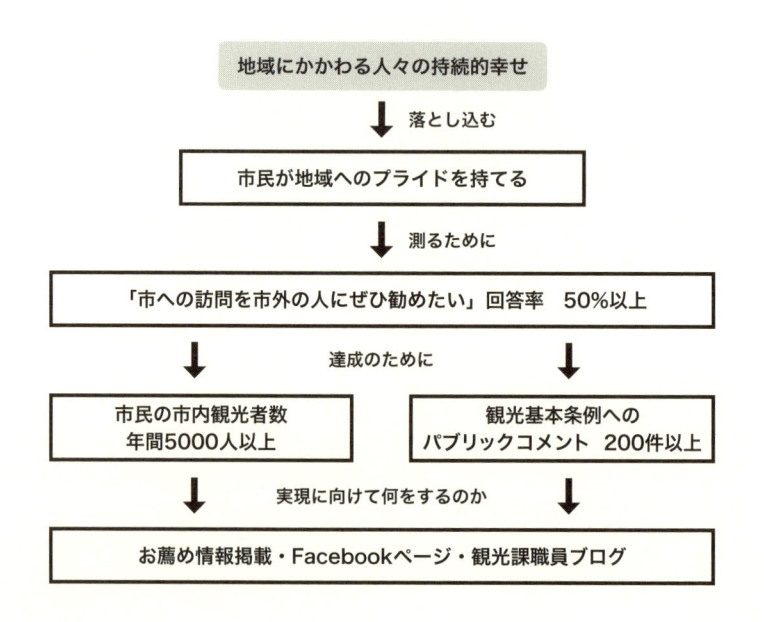

```
        地域にかかわる人々の持続的幸せ
                ↓ 落とし込む
        市民が地域へのプライドを持てる
                ↓ 測るために
    「市への訪問を市外の人にぜひ勧めたい」回答率　50％以上
                ↓ 達成のために
    ┌─────────────────┐    ┌─────────────────┐
    │市民の市内観光者数│    │観光基本条例への          │
    │年間5000人以上    │    │パブリックコメント 200件以上│
    └─────────────────┘    └─────────────────┘
                ↓ 実現に向けて何をするのか
        お薦め情報掲載・Facebookページ・観光課職員ブログ
```

第 12 章　地域に笑顔を生む──シティプロモーションという仕組み

◯ コンテンツを作る地域魅力創造サイクル

　戦略的発想を基礎にしてシティプロモーションを成功させるために、具体的にどのような進め方が求められるでしょう。まずコンテンツ、つまり中身です。何について訴求するのかがはっきりしないまま、訴求方法を考えても無駄になります。シティプロモーションで訴求するコンテンツは地域の魅力です。

　地域の魅力とは何でしょうか。特産品、景観、B級グルメ、自然、街並み、有名人。いろいろと挙げられると思います。それらはいずれも地域魅力の要素です。しかし、それらをばらばらに訴求していくのでは効果的ではありません。

　地域魅力を考えるときに有効なモデルとして「地域魅力の創造サイクルモデル」があります。地域魅力を、発散→確認→集約・編集→正統化のサイクルで創造していくという発想です。

● 地域魅力の創造サイクル

```
              発見                  調査隊
           ワークショップ            地元学

          ステージ1            ステージ2
            発散                  確認

  現場へ適用

                                 ステージ3
          ステージ4             集約・編集
            正統化
           市民納得                イメージ
                                   形成
```

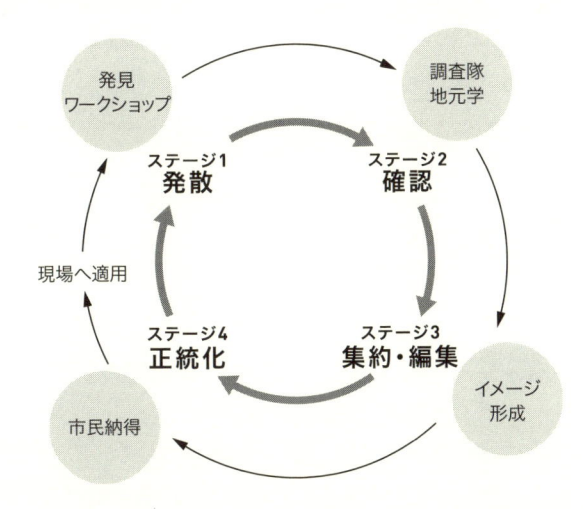

253

ステージ1　発散

　最初に発散のステージです。ここで大事なことは個人的・具体的な地域の魅力を大量に考え、提示することです。それも1人で考えるのではなく多様な人々が集うことが重要です。

　「高校時代にあの川岸で見た夕焼けが魅力だった」、「路地に入ったところにあるそば屋の大将が魅力的だ」、このように発言者にとっての個人的・具体的な地域魅力を、1人50個というように大量に提出する、これが発散のステージになります。このステージでは、誰もほかの人の意見を否定しません。

　「お住まいの地域の魅力は何ですか？」、「自然です」というありふれたやりとりでは終わらせないことが大事です。地域の観光サイトに書かれている〇〇寺ということではなく、その寺のどこが魅力的なのかを具体的に示すように促します。こうした発散のステージを経過することで、生き生きした地域魅力が立ち上がってきます。

　栃木県宇都宮市では宇都宮ブランド戦略指針を実現していくために、創造ボランティアを市民公募しました。創造ボランティアは年12回ものワークショップを行い、地域の多様な魅力を発見していきました。まさに発散のステージにあたるものです。

ステージ2　確認

　次は確認のステージです。確認のステージでは個人的・具体的に提示された魅力を、個人にとどまらない多くの視点から可能な限り実際に体験することに意義があります。「なぜ、それがこの人にとっては魅力なのか」を共に考えることが地域魅力に新たな光彩を与えます。ここでは「私はこう思う」という議論が行われることにも

なるでしょう。それによる新たな側面の発見も期待できます。

ステージ3　集約・編集

　発散および確認のステージでは地域魅力がきらきらと輝いてはいるけれど、一面に広がって収拾がついていません。そこで地域魅力の創造サイクルの3番目に来るものが編集・集約のステージです。ここではきらきらと散在している地域魅力を編集し、1つのイメージに集約していきます。

　宇都宮市では創造ボランティアにより発散された地域魅力をプロフェッショナルの力により8案のブランドメッセージとして編集・集約しました。宇都宮ブランド戦略指針の推進組織である宇都宮ブランド推進協議会が、その8案の中から「日常が極上宇都宮」、「宮リッチ宇都宮」、「住めば愉快だ宇都宮」の3つに絞り込みました。

　これが地域魅力創造サイクルにおける編集・集約のステージです。きらきらと散在している地域魅力を編集し、単なる足し算ではない掛け算としての地域イメージにいったん集約します。

　この編集・集約のステージで意識すべきことにBattlefield※の設定があります。つまり「どこで戦うのか」を考えなくてはなりません。これはブランド形成とかかわる発想です。ブランド化は差別的優位性の確立→評判の構築→信頼の連鎖によって成立します。Battlefieldの設定は、この中の差別的優位性に強く関係します。

　宇都宮市を例に挙げれば、Battlefieldとして「日常生活」を設定したといえます。住みやすさという点で宇都宮が他都市に比べて差別的優位性がある、日常生活というBattlefieldであればほかの地域より優れている、優れることができるという認識が、このBattlefield

---

※佐藤義典著『図解　実戦マーケティング戦略』日本能率協会マネジメントセンター刊

を設定することにつながっています。シティプロモーションを考えるとき、自らの地域がどのBattlefieldで差別的優位性を持てるのかを検討し、その認識に基づいて地域魅力を編集することが求められます。

ステージ4　正統化、そして新たなサイクルへ

　4つ目のステージは正統化です。ここで地域の主権者である市民が再び登場します。宇都宮市では公募による創造ボランティアという限られた市民によって発散のステージが担われ、次にプロフェッショナルが編集・集約のステージを実現しました。そして、宇都宮ブランド推進協議会が絞った3つのブランドメッセージについて、広くマスとしての市民にアンケートを実施します。選ばれたのは「住めば愉快だ宇都宮」でした。この正統化のステージが市民をあらためて当事者化することになります。正統化のステージがない地域魅力形成は、主権者である市民にとってひとごとにとどまります。それではシティプロモーションは不可能です。

　地域魅力創造サイクルはここで動きを止めるわけではありません。正統化された地域イメージをあらためて発散していくことが必要です。宇都宮市では、数多くの市民が「住めば愉快だ宇都宮」のロゴイメージと同じ、オレンジの地に白い文字という色彩で、宇都宮が好きな理由をそれぞれにボードに書きました。その書かれたボードを持った市民の写真が大きなフラッグになり、市内の中心商店街に掲げられました。ここに2周目の発散ステージがあります。

　地域魅力創造サイクルはこのようにぐるぐると回転させることが意味を持ちます。それによって、地域魅力は発散、確認、集約・編

集、正統化を繰り返し、輝くものとなります。

◯ 魅力訴求のための戦略モデル（L）AISLA＋S

　シティプロモーションは魅力創造だけではありません。魅力訴求、資源獲得が必要です。その手掛かりとして、消費者行動変容モデルがあります。消費者行動変容モデルとは、消費者がモノやサービスを手に入れるまでに、どのような手順を踏むかというものです。いくつかのモデルが提示されていますが、ここでは、その中でAISASについて考えてみます。

　広告会社の電通が提唱するAISASは、訴求対象者が「情報を認知し」（Attention）、「関心を抱き」（Interest）、「詳しい情報を探索し」（Search）、「広報を行う者が期待する行動を行い」（Action）、「その感想を発信し、他者と共有する」（Share）という意識・行動の変化の頭文字を並べたものです。

　しかし、訴求対象者が自動的に、言い換えれば何もしなくても勝手に、A→I→S→A→Sと変化していくわけではありません。それぞれの行動の背中を押す活動が必要になります。"どうなるのか"という記述モデルではなく、"どうするのか"という戦略モデル「(L) AISLA＋S」が求められます。

　(L) AISLA＋Sは傾聴（Listen）、認知（Attention）獲得、関心（Interest）惹起、探索（Serch）誘導、着地点（Landing point）整備、行動（Action）促進に加え、各時点での、情報共有（Share）支援という6種類のメディア活動によって成り立っています。

● 戦略モデル（L）AISLA＋S模式図

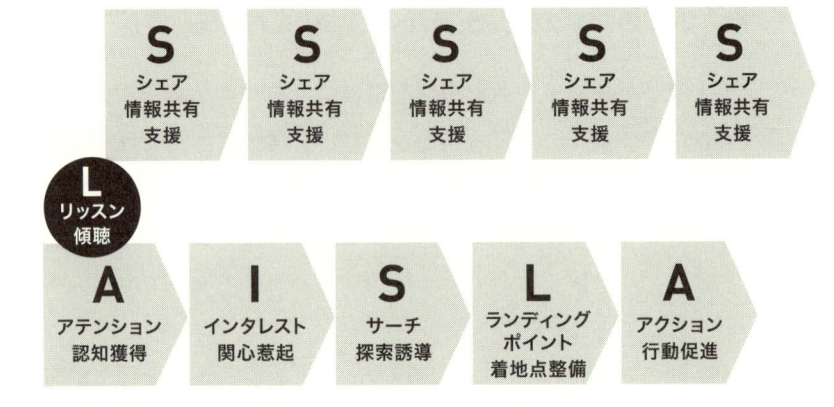

S	S	S	S	S
シェア 情報共有 支援	シェア 情報共有 支援	シェア 情報共有 支援	シェア 情報共有 支援	シェア 情報共有 支援

L リッスン 傾聴

A	I	S	L	A
アテンション 認知獲得	インタレスト 関心惹起	サーチ 探索誘導	ランディング ポイント 着地点整備	アクション 行動促進

フェーズ1　傾聴

　まずフェーズ1の傾聴（Listen）について考えます。ここで傾聴と述べているのは、訴求対象者あるいはできるだけ多くの人を「話し手」として把握し、そうした人々が何を語っているかを十分に聴くことを意味します。（L）AISLA＋Sで最初のLが（　）内に書かれていることには意味があります。以下に述べるAISLAの各フェーズで常に傾聴が求められるからです。

　シティプロモーションの各活動を行う際に、自らの地域や担い手がどのように見られているのか、言われているのかを聴きとることが大事です。また、対象とする相手が何を考えているのか、どのような状況にあるのかを確認することが求められます。

　傾聴の方法としてはアンケートやグループインタビューなどによる市場調査があります。長野県塩尻市では市民アンケートでの満足

度調査や首都圏でのアンケートによって塩尻市のブランドイメージの把握や長野県内のほかの市町村とのイメージ比較を行いました。

　ソーシャルメディア（P114参照）であるツイッターやフェイスブックなどを「聴く」ツールとすることもできます。検索を行うだけでも「何が語られているのか」についてある程度の内容は分かりますし、より高度な分析が行えるツールもあります。

　こうした方法によって「聴いた」内容を分析し、自らの強みや弱み、あるいは将来における機会や脅威を把握することで、どこに向けて、どのような内容で、どのようなタイミングで、地域の魅力を伝えればいいのかが分かります。しゃにむに魅力を訴求しようとするのではなく、自らが誤解されている部分があれば、それらを補い、正しつつ伝えることも必要です。既に好感を持たれているところがあれば、それらを強く押し出すことも有効でしょう。

　魅力訴求にあたっては、どこに力点を置き、どこを省力化してもいいのか、どこを補正すべきかを考えながら行うことが可能になります。シティプロモーション活動の各段階で傾聴のためのメディア活用を行うことで、PDCAサイクルを回すことができます。

フェーズ2　認知獲得

　次のフェーズは認知（Attention）獲得です。認知獲得フェーズでのメディア活動の相手方は、地域魅力について「知らない」人たちです。そうした人たちに、地域魅力やシティプロモーション活動自体を知ってもらうためのメディア活動が認知獲得になります。

　認知獲得に有効なものとしてマスメディアへのパブリシティーがあります。しかし、パブリシティーを行いさえすればマスメディア

への掲載が行われるわけではありません。情報提供回数を増やすことは意味がありますが、量としてのアウトプットを充実させるだけでは十分ではありません。

　そこで、誘発ポイントという考え方が有効になります。伝える内容の何が新しく、ほかと比べて優れているのかということの訴求です。例えば「日本初」であればマスメディアへの掲載可能性はとても高くなります。日本初でなくても、どこかに初の部分がないのかと考えることも意味があります。どのように受け取られるのかを検討して、多くの切り口を考える。そこに優位性がないかと常に意識してみることが大事です。

　次の誘発ポイントとして「物語」の設定や発見があります。結果としての内容を伝えるだけではなく、その背景となるものを用意しておくことが有効です。背景の一端を示し、詳細な内容に興味を持たせることもできます。当初からあまり細かい部分までパブリシティーすることはできませんが、「実は」という奥行きを用意することでマスメディアの関心を引き込みやすくなります。

　誘発ポイントの3つ目は「ギャップ」です。イメージの裏切りということも可能でしょう。「おしい！広島県」というキャンペーンは、堅いイメージの自治体が、それも弱さを訴求するという二重のギャップにより注目を浴びました。

　誘発ポイントの最後は「ノリとズラシ」です。現在のトレンドは何かをつかみ、そのトレンドに乗りつつ、少し異なることを示すというものです。「〇〇男子」という言葉をよく聞くのであれば、それをどう利用するのかを考える、伝える内容をそのトレンドと結び

付けるだけでも一定の意味は持ちますが、そこに「でも、ちょっと違う」という部分を設計することが、取材したくなる、報道したくなる気持ちを高めます。「その『ちょっと』とはどこだろう」という探索意欲をそそることが効果的です。こうしたトレンドをいち早くつかむにも、傾聴（Listen）が求められます。

　十分な「傾聴」をもとにして、場所や時期を選んで貼られ、配られたポスター、チラシなども有効です。自治体広報紙も全戸配布に近い配布率の高さを考えれば大きな意義を持ちます。ツイッターやフェイスブックなどのソーシャルメディアやゲームサイトなどが認知獲得に役立つ場合もあります。その場合、ソーシャルメディアが人間関係を基礎にすることから、魅力的な「人」の存在が重要になります。「親身になれる」ということが求められます。

　ここでは「伝え方」を中心として説明していますが、それもコンテンツの力があってこそ。薄っぺらなものをいかに上手に伝えても、限界はあると考えなくてはいけません。内容を充実させるということが、第1であることは当然です。このことは「本気になって伝える」ということにもつながります。伝える内容としてのコンテンツだけではなく、伝えるためのコンテンツ（表現）についても手を抜かないことが大事です。

フェーズ3　関心惹起

　3つ目のメディア活動は「関心惹起」です。地域魅力は、知ってもらうだけではなく、関心をもってもらうことが必要です。関心という感情はどのようなときに生まれるでしょうか。それは、伝えられた内容の、伝えられ方が「自分にとってかかわりがある」と思え

るときだと考えられます。

　関心惹起のためのメディア活動を考えるときに重要なこととしてセグメント・ターゲティングがあります。セグメントとは部分、全体をいくつかに分割したうちの1つという意味です。ターゲティングとは「誰を目指して」情報を発信したいのか、つまり誰に伝えたいのかということです。ある分割された部分を対象に情報を提供することになります。

　20歳の女子大生と50歳の男性農業者に同じ内容、同じ媒体で、同じように情報が「伝わる」ことは考えられません。都市部に住んでいるのか、田園地域に住んでいるのか。あるいは郊外に住んでいて都心に通勤しているのか。そうしたセグメントによって接触する媒体は異なります。どんな気持ちなのか、どんな思いを持っているのかを量り、そうしたセグメントにあわせた情報提供を行うことで、伝えたい相手の気持ちや行動に変化を与えることができます。

　千葉県流山市では子どものいる共働き世帯を対象に、流山市への転入促進を図るプロモーションを行っています。このために行ったメディア活動がいくつかあります。まず、東京の秋葉原から流山市を沿線に茨城県つくば市まで伸びている鉄道であるつくばエクスプレスの駅構内や、東京メトロの地下鉄プラットホームにポスターを貼り出しました。ポスターに書かれた言葉は「母になるなら流山市」あるいは「父になるなら流山市」。写真は実際に東京などから流山市に転居した若い父親母親と幼い子どもの家族が、流山市の広い公園で楽しそうに笑顔を見せているものでした。ここに明確なターゲティングの発想があります。子どもたちにとってよい環境を求めて

第12章 地域に笑顔を生む──シティプロモーションという仕組み

転居するとしても、仕事を変えてまで引っ越すことにはリスクが大きいと考える人が多いはずです。であれば、千葉県の流山市への転居を勧める情報発信のターゲットの多くは都内や近郊などの企業に勤めている人になります。都内を走る地下鉄駅がポスターの掲出場所としてふさわしいのはそのためです。

今、多くの人は「自分が何について関心があるか」を積極的に発信するようになっています。ツイッター、フェイスブックなどのソーシャルメディアは「私はこれが好き、私はこんなことを始めたい、私が『いいね！』と思うのはこれ」という個人が自らの関心について発信する情報によって成立しています。またグーグルなどを用いた検索は、検索用語そのものが関心のありかを示しています。そうした内容を的確に傾聴し、必要に応じ広告展開を図ることによるターゲティングを行っていくこともできます。

「小さなセグメントではなく『日本に住むできるだけ多くの人』に伝えたい内容だ」という場合には、セグメント・ターゲティングの発想は使えないでしょうか。いえ、そうではありません。「日本に住むできるだけ多くの人」とは、実はさまざまにセグメントされた人々がずれて重なりながら存在している姿です。そう考えれば、1種類の媒体に同じ内容を大量に露出させたとしても「日本に住むできるだけ多くの人」には届きません。セグメントを意識し、それぞれに合わせた媒体にそれぞれに情報内容を変え、こまめに丁寧に情報提供を行う、それによって初めて日本に住むできるだけ多くの人に届くことになります。

関心惹起を図るためのメディア活用には、セグメント・ターゲテ

ィングとは異なるアプローチもあります。ソーシャルメディアを用いた、共感を形成することによる関心惹起です。ソーシャルメディアは単なる個人による情報発信の羅列ではありません。「私はこんなことに関心がある」という人々のつながりが基礎になっているメディアでもあります。新聞やテレビなどのマスメディアから情報を得る場合、個人的な人間関係がかかわることはほとんどありません。それに対し、ツイッターのフォロー関係、さらにフェイスブックでの友だちを経由した情報は、憧れや尊敬、好意などによって裏打ちされた「人」への関心によって受け入れられることになります。

　このことは、情報の「内容」が先行して関心を引き起こすのではなく、情報にかかわる「人」が関心を引き起こすということを意味しています。情報を提供している「人」、情報を再配信（ツイッターでは「リツイート」、フェイスブックでは「シェア」という形で）している「人」、情報を「いいね！」と言っている「人」への関心が、情報「内容」への関心を生じさせます。無機質になりがちな組織の公式アカウントからの情報提供を、個人としての担当者や組織のメンバー、親しみやすいキャラクターが裏打ち（リツイート、シェア、「いいね！」）することが、関心惹起につながります。

フェーズ4　探索誘導
　関心を持った訴求対象者に向けて行う次のメディア活用は「探索誘導」です。
　地域魅力を認知してもらう、あるいは関心を引き起こすときに、細かすぎる内容を提供することは逆効果です。大量の情報は、受け取ること自体に拒否感を生みます。一挙に2つの階段を上らせるの

第12章　地域に笑顔を生む──シティプロモーションという仕組み

ではなく、認知獲得と関心惹起を行った上で、次のフェーズである探索誘導を通して詳細な情報に出会ってもらうことが有効です。

　探索誘導のステップではインターネットはとても重要です。しかし、インターネットがすべてではありません。例えば事前に情報誌や便利帳を配布することが可能なターゲットであれば、それらの紙媒体に掲載された情報を探索してもらうことが探索誘導になります。詳細な情報内容が掲載された情報誌や便利帳の該当ページを認知獲得や関心惹起のための媒体に掲載しておくこともお勧めです。

　地域魅力の探索誘導にあっては、位置が大きな要素となることが多くあります。その場合にモバイルで位置情報を持つことができる携帯電話やスマートフォンが有効になります。QRコード（二次元コードの一種）やそのほかの通信方法などを用い、携帯電話やスマートフォンから地域魅力にかかわる情報を探索してもらいやすくすることが探索支援につながります。繰り返しになりますがQRコードを貼付すれば探索誘導ができるわけではありません。関心惹起が十分にできていない状況でQRコードが貼付されている道標（みちしるべ）を見ても、わざわざスマートフォンをかざそうとは思いません。フェーズの順序を十分に意識することが必要です。

　文字ベースで探索誘導を図るには、的確に検索できる単語や単語の組み合わせを提示することが必要です。「検索は『　』で」という手法です。ウェブサイト内での誘導にも気を配る必要があります。ウェブサイトのトップページに検索窓を置くことは当然です。シティプロモーションにかかわる方は、折に触れトップページの検索窓に地域魅力にかかわる多様な言葉を入力し、検索を実行してみ

てください。訴求対象者が期待するだろう内容が十分に表示されているか、意外に古すぎる内容が最初に表示されてしまったり、検索対象となる言葉がたまたま含まれてしまっているだけの無関係に近い情報にたどり着いてしまったり、ということはないかを確認してください。

フェーズ5　着地点整備

　（L）AISLA＋Sの5つ目のフェーズは着地点整備です。探索誘導が上手に行われれば、ターゲットとなっている人々は地域魅力を十分に理解できる場所へ着地できます。それではどんな場所が地域魅力を十分に理解できる場所でしょうか。その場所では2つの着地点が連携していることが必要です。

　1つ目の着地点では信頼性を供給します。行政や有名な組織の公式サイト、公式情報誌がそうした信頼性を生みます。それほどには有名でない組織なら明確な組織情報を示して、信頼できる組織だと理解してもらうことが重要になります。常に新しい情報がアップデートされていることも必要です。

　信頼性のある着地点に詳しい情報を置けば、人々は地域の魅力を理解しようと背中を押されることになります。

　ここでセレンディピティという言葉について考えます。セレンディピティとは「思わぬ出会い」を意味します。信頼性を供給する着地点にとって「思わぬ出会い」がなぜ意味を持つのか。それは顧客創造という発想につながるからです。

　関心を持ったターゲットが適切な探索誘導に基づき、信頼性を供給する場所に着地したとします。そのとき、着地した人の関心はさ

第12章　地域に笑顔を生む──シティプロモーションという仕組み

まざまです。「ちょうど私ぐらいの年齢にぴったりな特産品だった」、「私の勤めている会社にとって意味のあるイベントだと思われた」、「友人の誰々さんが紹介していた」などなど。

　セレンディピティによる思わぬ出会いとは情報発信者側の意図に基づくものです。顧客満足だけを考えるのであれば、情報発信者側の意図は二の次であり、ターゲットが欲する情報を提供することが大事になります。しかし、シティプロモーションにとっては、ただ欲する情報を提供するだけでは不足です。地域魅力創造サイクルによって集約・編集した地域のブランドイメージを理解してもらうことが必要になります。

　例えばターゲットとなる人が静岡県浜松市のキャラクター「家康くん」のかわいさに関心を持って詳しい内容を知りたいと検索し、浜松市シティプロモーションウェブサイトに着地するとします。そのウェブサイトに徳川家康を想起させる「出世の街　浜松」というブランドメッセージが明確に表示され、内容をリンク先で説明できていればかわいい家康くんに惹かれたターゲットは浜松が提供する地域魅力に一歩近づき、情報発信者にとっては顧客が創造できたということになります。

　2つ目の着地点は信ぴょう性を判断させる場所です。今までは信頼性を生む着地点が充実していれば十分でした。しかし、現在では、どんな有名な組織からの情報であっても、何の迷いもなく正しいとは思ってもらえなくなりました。行政のような組織に全体的な信頼はあったとしても、個々の情報提供がすべて正しいとまでは考えられていない状況です。そのときに必要になるのが信ぴょう性を判断

させる着地点です。

　ここで力を発揮するものが再びソーシャルメディアになります。「私の憧れる・尊敬する・好意を持っている・親しい・この分野に専門性があると考えている『人』が信頼性を供給する着地点で提示された情報を裏打ちしてくれた」そうなれば、もともとの情報発信元である組織の信頼性もあわせ、対象者が詳細な情報を信用することにつながり、次の行動へのステップを上る準備ができます。

　このソーシャルメディアによる信ぴょう性を判断させる着地点は、放っておけばできるものではありません。ツイッターにしろ、フェイスブックにしろ、「誰かが裏打ちしてくれているだろう、それを検索などで探してもらえばいい」という他人任せの姿勢では十分な2つ目の着地点を整備することはできません。見てくれるだろうという情報は多くの場合見られないということになります。

　そうした状況を回避するには、ブログサイトを公式ウェブページからリンクする、ツイッターのまとめサイトを作る、フェイスブックを自ら運用して多様なコメントを獲得するなどが有意義になります。

フェーズ6　行動促進

　フェーズ6の行動促進について考えます。シティプロモーションを「地域の連携のもと……人、モノ、カネ、情報などの資源を確保・獲得すること」と定義しました。シティプロモーションの目的は資源獲得です。具体的には転居による定住、観光のための訪問、地域産品の購入、地域への多様な参画などが考えられます。それらの促進を図るためのメディア活用がフェーズ6です。

第 12 章　地域に笑顔を生む──シティプロモーションという仕組み

　フェーズ6は、①シーンへの想像力に基づくケア、②共感形成、③ゲーミフィケーション、④プロダクトフロー設計※によって成り立ちます。これらの4つは相互に関連し、重複している部分もありますが、1つずつ説明していきます。

　まず、ターゲット、例えば転入を考えている人がどのような行動を行うのかを十分に想像し、よりスムーズに行動できるようにケアする必要があります。ウェブサイトや情報誌、あるいはイベントなどの場所に着いたときに、ターゲットがどのような思いを持っているか、映画のシーンのように想像して十分なケアを行います。

　例えば、ターゲットとなる人がせっかく何かの申し込みをしようとしたときに、連絡先が見つかりにくいことでその場から離れてしまう、そういうことでは困ります。自分自身がターゲットだと考えて着地点に立ち、見回すことで、行動促進にとってどんな課題があるか、どのようなことを求めるだろうかと考えることが必要です。

　連絡先の明示や、簡易な申し込みフォーム、よくある質問と答え、行動しようとしているのが自分だけではないという事例の紹介などは、ターゲットである資源提供者が着地点に立ったシーンを想像すれば、どれも意味があると思いつけるでしょう。

　次に共感形成による行動の促進があります。共感形成は関心惹起にも有効ですが、参加や行動を促すためにも十分に有効です。

　ソーシャルメディアの活用によって、他人ではなく、自分の友人、知人、何らかのかかわりがある方が「お薦め」していることが「見える化」されることで共感が形成されます。

　例えば、佐賀県武雄市などが取り組んでいるF&B良品は武雄市の

※佐藤義典著『図解　実戦マーケティング戦略』日本能率協会マネジメントセンター刊

特産品を、フェイスブックを利用して通信販売する取り組みです。武雄市武内町の宸山窯(しんざんがま)の急須について、その写真がアップされて23時間後には101人が「いいね！」ボタンを押し、その中には自分のフェイスブック上の友人も含まれていることが分かります。そのことによって、友人の○○さんが「いいね！」しているんだ、さらにはコメントで「今度、武雄に行ったら買ってみる〜」と言っているんだという共感が行動への背中を押すことにもつながります。

　最近、注目されている発想にゲーミフィケーションというものがあります。「課題解決にゲーム的な要素である競争・協力や達成感、心理的報酬などを組み込み、参加を容易にし、意欲を高める手法」です。ゲームそのものを導入するということではなく、解決可能ではあるけれどある程度の難しさをもった状況を設定し、チームの協力によってほかのチームより先んずることができれば十分に評価される仕組みへの、比較的容易な参画が可能なことを指す言葉です。

　具体的な事例としては、NPO法人ドットジェイピーが企画し、各地で行われている「未来自治体」の取り組みがあります。若年層の地域参画という資源を獲得するためのシティプロモーションとして考えることもできます。公募に応じた学生グループが、行政から提供された情報を素材に30年後の歳入予算を見積もり、その予算に即した自治体の未来像を政策面から発表するという仕組みです。発表は公開され、最も優秀な内容は表彰されます。行政当局や専門家の支援を受けることで容易な参加を確保し、ほかのグループとの競争のもと、グループ内での協力により、未来像を達成感をもって発表し、優秀な内容は評価されるという内容はゲーミフィケーショ

ンとして考えられる内容です。こうした仕組みを作ることで「やってみたい」という行動促進を図ることができます。

　4つ目の要素がプロダクトフロー設計です。あげる商品→売れる商品→売りたい商品という流れを用意し、最初から高いハードルを越えさせようとせず、まずはごく低いハードルを越えてもらうことで、順々に売りたい商品に到達してもらうという発想です。

　地域キャラクターの活用が事例となります。浜松市では2011年7月にキャラクター「出世大名家康くん」を制作、地域の各所に登場させ、ターゲットである市民に楽しさや驚き、親しみなどの魅力を「あげる」ことを始めます。2011年の10月には都市対抗野球キャラクター選手権に参加し、小さな負担として市民に投票を呼び掛け、結果としてのワクワク感や勝負（家康くんは選手権優勝）という魅力を受け取ってもらいます。家康くんそっくりコンテストを企画し、これも比較的小さな負担である参加を募集し、賞品を提供します。また、民間企業が簡易に家康くんグッズを作成できるようにし、市民の購入を促します。グッズには浜松の魅力を記載したタグなども付加します。このようにして資源提供者に低いハードルを順に越えさせることで、家康くんを通して、市民に地域の魅力を発信してもらうことが容易になります。

フェーズ7　情報共有支援

　（L）AISLA＋Sで、1つだけ＋の後ろにあるSが情報共有支援です。なぜ（L）AISLASではなく（L）AISLA＋Sなのでしょうか。それは情報共有支援が、行動が終わってから初めて必要になるメディア活用ではなく、AISLAの各段階のすべてにわたって必要なメディア

活動だからです。

　プロモーションの対象となる人々の多くは情報発信者でもあります。何か感じたことがあれば、人々はツイッターを用いて思いを発信します。フェイスブックに自ら撮影した写真と思いついた言葉を送信することで、友人たちのタイムラインにも情報を掲載できます。考えた内容をまとめてブログに書く人も少なくないでしょう。それ以外にも多くの情報発信手段は続々と生まれています。

　こうした人々に認知獲得の段階から積極的に、できるだけプラスの地域魅力にかかわる情報を発信してもらい、共有可能にすることが必要です。それにより、信ぴょう性を裏打ちする着地点も用意でき、行動促進においても有効な共感を促すことにもつながります。

　そのためにはどんなメディア活用があるでしょう。参加者や購入者がブログを書き込みやすくなる素材やおみやげ提供などは行動促進の後での情報共有支援として有効でしょう。

　認知獲得や関心惹起、探索誘導に用いるツールである、ポスターやチラシ、広告記事およびウェブサイトなどに、ツイッターでつぶやきをカテゴリー分けできるハッシュタグを掲載したり、フェイスブックのURLなどを載せておくことも意味を持ちます。

　信頼性を供給する着地点として整備した公式サイトには、クリックだけで公式サイトへのリンク先を埋め込んでツイートできるボタンや、フェイスブックで「いいね！」といってもらうためのボタン、そのほかのソーシャルメディアに簡易に書き込めるボタンも必要になります。このようにAISLAの各段階で情報共有を支援できる仕組みを考えることが求められます。

情報共有されるときに必ずしもプラスの情報だけではなく、否定的な情報が発信されることへの不安もあると思います。そこで必要となるものが、最初に述べた傾聴です。傾聴を継続して行うことで「何かが起きているな」とごく初期に気付くことができれば、素早い対応で誤解を解くことが可能になります。

炎上といわれる問題の多くは対応の遅れと隠ぺいによって燃え上がります。できるだけ早期に正しい情報の存在を提示すること、詳細について書かれたウェブサイトを紹介することが必要です。万一、不適切なコンテンツや対応が炎上の原因となっている場合は、即座に、そうしたことが起きた経緯と今後の対応を真摯に説明し、責任の所在を明らかにすることで、炎上の事態は鎮火に向かいます。

◯ 持続的発展のための多面的評価

シティプロモーションの成功とは、その地域が一時的に話題になることではありません。差別的優位性の確立→評判の構築→信頼の連鎖というブランド化の過程を十分に踏み、持続的な発展を実現することがシティプロモーションの意義です。信頼を形成し、ブランド構築を連鎖させるには、計画・実行・評価・改善というPDCAを着実に行うことが求められます。その要が評価です。

シティプロモーションは一元的な指標で評価できるものではありません。過去評価・現在評価・未来評価という時系列の軸、財務評価・非財務評価という金銭面の軸、対外評価・対内評価という方向性の軸に基づいて、4つの評価ポイントを作ることができます。この4つのポイントを必要に応じ組み合わせることで、持続的なシテ

ィプロモーションが可能になります。

ポイント1　費用対効果

　最初の評価ポイントは費用対効果です。費用は比較的積み上げやすいと考えられます。問題は効果です。このときに最初に述べた戦略的発想があらためて必要になります。シティプロモーション施策の費用対効果測定の対象をどこに置くのか。どの段階のアウトカムに置くのかによって効果の金銭的換算は異なります。

　シティプロモーションは「人、モノ、カネ、情報などの資源を確保・獲得すること」が目的です。つまり、なんとなく有名になった、気分が良くなったということにとどまらず、戦略的発想を基礎に「何を獲得するのか、獲得できたのか」について意識的になることが費用対効果を測定するために必要になります。

　先に例として挙げた戦略的発想で中間段階のアウトカムであった市内観光客5000人という部分を目的として置くのであれば、それによって生まれる経済効果は産業連関表などを用いてある程度計算することは可能です。

　パブリシティーの結果である紙面掲載や番組放映を、広告・CM換算して〇千万円という数字を挙げ、それにより成果があったとする説明がされることもあります。無意味ではありません。しかし、紙面掲載や番組放映は最終アウトカムではないことが多いはずです。そうした中間アウトカムで説明するのか、最終アウトカムを可能な限り金銭換算するのかは、正解がどちらかということではなく、どのように納得が得られるかという問題です。

　行政は主権者である市民に対し、企業は株主や従業員に対し、

第12章 地域に笑顔を生む──シティプロモーションという仕組み

● シティプロモーション多面的評価模式図

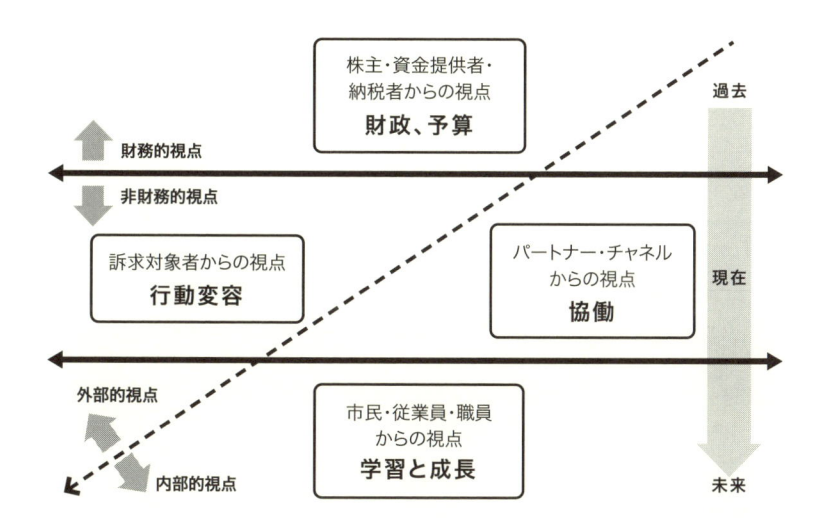

```
                    株主・資金提供者・
                    納税者からの視点              過去
                      財政、予算
    ↑ 財務的視点
  ←──────────────────────────────────→
    ↓ 非財務的視点

  訴求対象者からの視点      パートナー・チャネル
                              からの視点         現在
      行動変容                    協働

  ←──────────────────────────────────→
   外部的視点
                         市民・従業員・職員
     ↘ 内部的視点          からの視点           未来
                            学習と成長
```

　NPOは会員や寄付者に対しアカウンタビリティー（会計責任・応答責任）を有しています。そこでの重要な言葉は「納得」です。その納得を確保するために戦略的発想によるインプット・アウトプット・多段階のアウトカムの連鎖という発想が必要になります。

ポイント2　対象者の行動変容

　評価は必要な時期に的確に施策の改善を行うための要素です。魅力訴求の戦略モデルに基づく施策についても評価によって改善していく必要があります。その際に意識すべきものが対象者の行動変容評価になります。

　塩尻市では塩尻「地域ブランド」戦略での評価項目として、塩尻

ブランドに対する認知度・塩尻地域への愛着度・関連イベントの参加者率などを挙げています。つまり、（L）AISLA＋Sの視点で考えれば、認知獲得および関心惹起、行動促進についての評価は行われています。しかし、探索誘導や着地点整備、共有支援についての評価項目は見当たりません。これらはブランドページへのアクセス解析や、利用者評価、ソーシャルメディアへの発信量などで評価できる可能性があります。

　こうした各フェーズでの評価を行うことで、どのフェーズでの施策に課題があるか明らかになります。実際に行動に結び付いていない場合に、認知されていないのか、認知されているが自分にかかわりがあると思っていないのか、関心は持っているが詳しい情報のある場所にたどり着けていないのか、詳しい情報にはたどり着いているが内容に信頼性や信ぴょう性を感じていないのか、信頼性も信ぴょう性もあると考えているがどうしたらいいのか分からないのか、それらを分析することで初めて適切な施策改善が可能になります。

ポイント3　協働

　シティプロモーションは行政あるいは1つの組織だけが担うわけではありません。それぞれの組織の多様な相互補完でシティプロモーションの目的を実現する必要があります。そのときに必要な評価ポイントが協働評価です。組織がそれぞれに持つ弱みを、別の組織や個人の強みでどのように補完するかを考えるためには重要です。

ポイント4　実施主体の成長

　シティプロモーションは1回限りの事業ではありません。差別的優位性の確立→評判の構築→信頼の連鎖という流れを絶やすことな

く実施していかなくてはなりません。そのためには常に未来を見据えた事業が実施できているのかを評価する仕組みが求められます。

　それが実施主体の成長評価です。シティプロモーションを実施する主体、そこにおける人の成長が十分に行われているか、行われるための仕組みが設けられているかを評価することになります。

　このときに使うことのできる考え方に経営学者・野中郁次郎さんが提唱するSECIモデルがあります。人の内面にある暗黙知と外部に表出された知識としての形式知に注目し、それらが共同化（Socialization）、表出化（Externalization）、連結化（Combination）、内面化（Internalization）という形で移転、高度化していくことを明らかにしたモデルです。

　個人の持っている暗黙知が共に働くことによってほかの個人に体験として伝わる共同化、得られた暗黙知を他者にも理解できるような言葉・文字・図などによって形式知にする表出化、そのようにして表示された形式知を編集することで組織・グループとしての知識にする連結化、その上でその組織・グループとしての知識を個々人が自らの腑に落とす内面化と言い換えることもできます。

　具体的な形で考えてみましょう。シティプロモーションのためのイベントを行う際に、それぞれが持っている地域についての知恵が十分な言葉や文章にならずとも参加者の中に伝わっていくような仕掛けが用意されているでしょうか（共同化）。イベント参加者がそこで得た思いをできる限り表現するように促しているでしょうか。ハードルが高いようなら140文字以内で済むツイートを積極的に行うことを呼び掛けてもいいでしょう（表出化）。イベント参加者が

書き、つぶやいた言葉をあらためて編集し、そこで何が起き、どのような知恵の移転や集約があったのかが理解できるまとめを作っているでしょうか（連結化）、シティプロモーションを担う人々はそうしたまとめを振り返った上で次の施策に取り組んでいるでしょうか（内面化）。こうした取り組みを行うことで、シティプロモーションでの個々の取り組みは学びの場となります。時にはシティプロモーションの担い手に「どのように成長できたか」を直接問うこともあっていいと考えます。

「連鎖」が必要となる地域イメージのブランド化を視野に置くシティプロモーション、また、「持続的な幸せ」を市民にもたらすことを最終目的とするシティプロモーションにとって、未来を指向する実施主体の成長の評価ポイントは最も重要なものになります。

● シティプロモーションのこれから

シティプロモーションは有名な地域作りが最終目的ではありません。その地域に住む人々が持続的な幸せを手に入れることが目的となります。

シティプロモーションは誰かがやってくれるものではありません。地域に住む人々を主権者として、その代理人である行政、NPO、企業がそれぞれの弱みを、連携相手の強みによって補完して実現していくものです。このまちに住んで良かった、このまちを訪れて良かった、このまちにかかわることができて良かった。日本中にそうしたまちが生まれる。シティプロモーションはそうした日本を目指す取り組みでもあります。

第13章

PR会社の仕事と付き合い方

PR会社の仕事と役割

◯ PR会社には得意分野がある

　日本のPR会社には、社員数が200人を超える大手から、事実上たった1人で活動しているような会社まで存在します。また、国内資本の独立系PR会社のほかに、外資系や大手広告会社の子会社などもあり、経営形態もさまざまです。

　日本のPR会社の主な業務をまとめると表のようになりますが、これらをすべて自社内で行えるPR会社は一部の大手に限られます。だからと言って、規模が大きければよいというものではありません。大規模なPR会社でも担当者によってレベルに大きな差があるのが実情です。また、PR会社ごとに特徴があり、得意とする分野が異なっているからです。

　例えばテレビ番組へのパブリシティーを専門にしている会社、次々に生まれる最新のネット技術を活用したネット広報を専門にする会社、会社案内などの編集制作を得意にしている会社、イベントの運営を専門とする会社などがあります。

　また、特定の業界に特化したPR会社もあります。IT業界に強い、ファッション業界に強い、ヘルスケア業界を専門に扱うといった例です。例えばヘルスケア業界で広報活動を行うには、医療技術や薬学に関する専門知識、医療行政の動向や薬事法などの諸規制に対す

第13章　PR会社の仕事と付き合い方

● PR会社が委託を受ける主な業務

1. メディアリレーションズ
    ① ニュースリリース作成・配布
    ② 記者発表会・記者クラブ発表
    ③ プレゼント・パブリシティーの企画
    ④ メディアキャラバンのアレンジ・実施
    ⑤ 企画記事・番組の獲得
    ⑥ 業界解説記事・特集記事・番組への露出
    ⑦ プレスセミナーの企画・運営
    ⑧ 記者懇談会・懇親会の企画・運営
    ⑨ プレスツアーの企画・実施
    ⑩ ニュースレターの制作
    ⑪ メディアへのヒアリング

2. コミュニケーションのコンサルティング
3. 各種イベントの企画・運営
4. リスクマネジメント・クライシス対応コンサルティング
5. メディアトレーニング
6. 社内報の企画・制作
7. 会社案内・各種報告書・広報誌などの編集・制作
8. 団体などの広報業務代行
9. インベスター・リレーションズ（IR）
10. セールスプロモーション（SP）
11. 海外広報

る知識、医師を中心とする医学界への理解などがないと、効果的な広報活動ができません。

　近接領域ではありながらPR会社と一線を画しているのが、IR支援会社です。IR（投資家向け広報）は特に金融マーケットに関する専門知識が要求されるからですが、メディア対応をはじめとする広報活動に関しては十分なサポートが期待できません。

　外資系のPR会社は、顧客も外資系企業が多いという特徴があります。海外の本社がグローバルな広報活動に対する委託契約を結び、その一環として日本国内の広報も担当するというケースが多いからです。外資系の強みは海外ネットワークが活用できること、海外の成功事例の導入が期待できることなどですが、国内では日本の社会風土に適合した活動をしなければ広報効果は上がりにくいので、国内系PR会社との差別化には難しい面があるようです。

　このようなPR会社ごとの特性や得意不得意を十分に理解した上で契約や発注をすることが効果的な広報活動につながります。

◯ 企業とPR会社の関係

　広報業務の守備範囲はとても広く、手法も多様化しており、求められる知識やスキルも拡大しています。手慣れた広報手法ばかりに頼っていては、社会や環境の変化に対応できず、十分な成果が得られなくなる恐れもあります。

　マンネリ化した現状を打破して、大きな成果を得ようとするときには外部の専門家のアドバイスやアイデアを取り入れるのが現実的かつ有効な方法です。PR会社は、そのような企業のニーズに応え

る存在でなくてはなりません。

　PR会社は欧米、特に米国で発展した業態で、グローバルなネットワークを構築している大手が何社も存在しています。そのような欧米のPR会社と日本のPR会社には規模のほかにもいくつかの違いがあります。

　欧米企業の広報はPR会社にアウトソーシングするのが常識のようになっています。企業内の広報セクションが行う最も重要な業務は、経営トップと意思疎通を図ることであり、広報の基本戦略やアクションプランを作成し、その効果をチェックして修正することです。実際の広報実務のほとんどはPR会社に委託して行います。

　特に欧米のPR会社に特徴的なのは、トップや広報担当役員に直接広報戦略のコンサルティングやアドバイスを行っていることです。企業経営者が広報を経営上の重要課題と認識していることがその背景にありますが、それに応えられるだけの経営レベルでの戦略性やノウハウをPR会社側が持っているということでもあります。

　翻って日本企業においては、そのような状況は一部を除いて見られません。経営者の側に広報が経営の問題であるという認識がまだまだ薄いことと、経営者のニーズに応えられるほどの能力と機能を持つPR会社が日本にまだ少ないのがその要因でしょう。

　欧米のPR会社は、企業ばかりでなく国家をクライアントにすることも珍しくありません。例えばある国の主張を米国政府に浸透させ、米国民にも支持を広げるといった活動も行っています。※

　このような政府や政策立案者に働き掛ける活動はロビイング（ロビー活動）と呼ばれます。米国にはロビイストとして登録された人

※高木徹著『ドキュメント 戦争広告代理店』講談社刊

たちが多数存在していますが、その中にはPR会社に属している人も少なくないようです。日本にはロビイストの登録制度はありませんが、ロビイングを業務メニューに加えているPR会社もあり、官僚OBが昔の人脈を活用して活動している例や、ロビイングを専門とする会社も存在しています。ロビイストたちの活動は外部からは見えにくいのでその実態は不明ですが、日本では企業や業界の主張は、その代表者や責任者の立場にある人が直接政界や行政に働き掛けることが多く、ロビイストたちからの働き掛けを受け入れる土壌が政策立案者の側にもまだ十分整っていないようです。

PR会社をどう使うか

◯「アルバイト代わり」ではもったいない

　PR会社に求められる最も重要な役割は、広報の専門家として事業会社の広報活動を支援し、その成果を最大化するところにあります。広報イベントの中身も運営方法も社内ですべて決めた上で、手伝いをPR会社に依頼する企業もありますが、それではPR会社を使う意味がありません。PR会社が蓄積しているノウハウを活用する余地を自ら封じてしまっているからです。プレスリリースを記者クラブにまきに行ってもらったり、プレスセミナーで受付を担当する人員を派遣してもらったりするだけなら、学生アルバイトを雇った方がよほど効率的です。しかし、そのような「手足」にPR会社を

使っている企業が日本には少なくありません。それではPR会社を育てることにもなりません。規模を問わず、十分なコンサル能力を持たないPR会社が日本に数多く存在するのは、このようなこともその一因ではないかと考えられます。

　PR会社を有効に使いこなすには、企業の広報担当者にもそれなりの能力が求められます。担当者のレベルが低ければ、PR会社はそのレベルに合わせて仕事をします。PR会社の側から、「そんな活動は無意味でしょう」とか「それでは逆効果です」などとアドバイスすることは、相互の信頼関係が確立していなければあり得ません。PR会社としては、無意味であろうが逆効果であろうが、目の前の仕事を受注したいからです。信頼関係は、企業側がPR会社の専門性を尊重し、PR会社もまた企業の立場や考え方を十分に理解することから生まれます。

　PR会社をうまく使っている企業は、その専門性を最大限に利用しています。するとPR会社の側も、企業の信頼に応えられるだけの専門性を磨かざるを得なくなります。そのようにお互いの信頼関係を深め、発展させていくことが、日本の広報を発展させることにもつながります。

◉ プロに頼むメディアトレーニング

　PR会社が本領を発揮することの1つにメディアトレーニングがあります。伝えるべき事柄をプレスに正確に伝えるのは決してやさしいことではありません。営業経験が豊富で顧客とのコミュニケーションを得意にしている幹部でも、取材テクニックを駆使した記者の

前では、思わぬ「ひっかけ質問」に乗せられたり、回答しにくい質問を前に途方に暮れたりすることがあります。特に危機に遭遇したときの記者会見や、夜討ち朝駆け取材への対応などでは、何気ない一言が大きな波紋を広げることが少なくありません。

　このようなリスクを最小限に止めるには、論理の組み立て、表現の方法、報道記者特有の思考方法への理解などが必須であり、表情やしぐさなどの非言語的な要素も無視できません。メディアトレーニングでは、このようなポイントを身に付けることができます。米国企業などでは、これを受けた社員だけが取材を受けることを許されるケースもあります。

　メディアトレーニングは、一般に座学とシミュレーショントレーニングが組み合わされたメニューを一人ずつ受けることが多いようです。座学では、メディアの知識や取材を受けるときの心構えなどのレクチャーを受けます。シミュレーションでは、実際に遭遇する可能性のある現実感のある事例を設定した模擬記者会見や模擬取材を行い、ビデオに収録して、見返しながら問題点を講師とともに確認します。

　これは効果の高いトレーニングですが、企業内のスタッフだけでは、どうしてもトップや上級幹部への遠慮が働くのでうまくいかないこともあります。トレーニング専用の設備や模擬会見場を用意している大手PR会社もありますが、重要なのは設備ではなく、その企業の属する業界や業態を把握し、直面する可能性の高い危機や取材内容を十分に織り込んだトレーニングシナリオを用意できるかどうかです。

◯ PR会社の選択と契約

　前述のように、新しい広報手法を導入しようとするときなどは、経験のあるPR会社の支援を受けるのが効率的です。PR会社は複数の企業、複数の業種の活動を経験していますから、それらで蓄積したノウハウを応用した提案を受けることが期待できます。

　少人数の広報スタッフで大きな成果を得ようとするときにも、PR会社の活用を検討すべきでしょう。米国流のPR会社活用法はまさにこれで、有名な大企業でも、広報担当役員と広報マネージャーにスタッフ数人という陣容でグローバルな広報展開を行っているところが少なくありません。

　PR会社の選択には、コンペ方式が採用されることが多いようです。複数のPR会社を対象にオリエンテーションを行い、それに対する各社のプレゼンテーションと見積金額を検討して契約先を決定するものです。

　PR会社にオリエンテーションをするときは、目的やゴール、そして予算を明確に示すことが大切です。どのような成果を求めているのかをできるだけ具体的に伝えると、より実現性の高い提案を受けられます。その前提となる外部環境や社内事情もできるだけ詳しく説明する方がよいと思います。それらをまとめた"オリエンシート"を用意すると、間違いや誤解を防ぐことができます。

　コンペ方式の利点は同一条件で各社の提案を比較でき、相見積もり（競争入札）によってコストを抑制できるところにあります。一

方で問題点もあります。1つは、PR会社の業務の質とコストは相関性が低いという点です。コストが高い会社がそれに見合う良い仕事をするとは限りません。しかし、コストが低い会社はそれなりの仕事しかしない、ということもあり得ます。どちらも現実です。

　また、プレゼンテーションを受けると、どうしても目新しい提案や奇抜なアイデアに目を奪われがちです。実際の広報活動では、メディアコンタクトや広報イベントの運営などの地道な活動の質がより成果に結び付きやすいのですが、そのような面をプレゼンテーションだけで判断することは困難です。広報にはヒューマンファクター（人的要因）が大きく関係します。質とコストが相関しないのも、そのような点が反映しているのかもしれません。

　日ごろから複数のPR会社の話を聞いたり他社の成功事例を調査したり、広報関係者の評価を聞いたりすることが選択の失敗を防ぐのに役立つでしょう。毎年コンペを実施して、最低価格を提示したPR会社と契約を結ぶ企業もあると聞きますが、それは広報という仕事の本質をまったく理解していないとしか言いようがありません。

　PR会社との間ではリテーナー契約を結ぶのが基本です。これは、年間契約のもとに毎月定額を支払う形式です。広報活動では、日々の細かい作業が発生したり頻繁な意見交換や打ち合わせが必要になったりするため、このような契約が企業側、PR会社側それぞれに好ましいことになります。ほかにプレスセミナーの企画・運営を委託するとか、会社案内の制作を依頼するなど、個々に発注することもできます。

第 **14** 章

広報担当者の年間行動計画

こうすれば広報担当者の目標が作れる

◯ 広報の年間計画は本当に無理？

　広報の仕事は「1がニュースリリースの発信」、「2にニュースリリースの発信」、そして「3もニュースリリースの発信」というケースが多いことでしょう。しかもニュースリリースの情報は広報担当者が作るのではなく、社内のいろいろな部署から突然やってきます。期限付きで定められたマスコミにニュースリリースを作成して送らなければなりません。つまり、広報の仕事は「受け身」の場合が多く、自分でコントロールしにくい仕事です。これでは「広報の目標」いわんや「年間の目標」など立てられるわけがないと考えがちです。

　しかし、広報担当者（担当部門）にも年間計画は立てることができますし、また、その成果を評価することもできます。しかも無理なく、楽しみながら着実に、広報担当者としての実績と実力を身に付けることができます。

　その方法の第1は、広報担当者の基本業務である、ニュースリリースに関する年間計画の立て方についてです。第2は、社内の広報意識を高めるための年間計画の立て方です。そして第3が、メディアとトップのコミュニケーションアップのための年間計画の立て方です。

◉ ニュースリリースに年間計画は立てられるか？

　ニュースリリースの目的はメディアに取り上げられ報道してもらうためのツールです。どうしたらメディアに報道されるか——を考え実行するのが広報担当者の最も基本の仕事です。この仕事を年間行動計画に反映させることができるのでしょうか。

　それができるのです。その方法について具体的に説明します。まず、昨年1年間の自社のニュースリリースの「リリース本数」を計算してください。次にそれがメディアに実際に報道された件数を算出します。記事の大きさは考える必要はありません。例えばニュースリリースの総本数が26本で報道件数が8件だった場合、報道率は8÷26＝30.7、つまり報道率30.7％ということになります。これをもとに本年度は報道率40％を目標に置くことが年間計画の第1歩です。

　さて、この目標をどのようにしたら達成できるか。まずニュースリリースの「魅力度」、つまり、送った相手の記者の目をどれだけ引くか、を分析します。

　その第1関門はタイトルの魅力度です。タイトルが勝負になるのがニュースリリースですので、このタイトルは果たして記者の関心を引く魅力があるかどうか。昨年のニュースリリースを見直してみてください。そして、本年度のニュースリリースのタイトルは推敲に推敲を重ねて練り直してください。内容も簡潔で分かりやすいか、という視点から検討し直します。この基本分析と改善が行動の第1ステップになります。

第2のステップは、ニュースリリースを送っているメディアの分析です。定番になっているメディアリストとは別に、今年は「このニュースリリースの内容だったらテレビの報道局も興味を持つのでは？」、「夕刊紙のあのコラム担当者に送ってみたらどうか？」という具合に情報の内容に応じてニュースリリースの送り先をその都度、変えて追加してみてください。広報担当者としては定番リストのメディアや記者に機械的に送る方が楽ですが、「報道率」を高めるためにマンネリ作業から脱却しなければなりません。送り先を内容によって変えることで、テレビ局から「貴社のこのシステムを使っている具体的な企業を取材したいので教えてほしい」といった思いがけない問い合わせの電話が入ってきたり、「最近のこの業界の動向を知りたいので貴社を取材したいのだが……」といった反響が返ってくるかもしれません。

　この年間計画は広報担当者としての目標ですから、ノルマがあるわけでもなく成果がなかったとしても減点の心配もありません。こうしたチャレンジが結果として自分自身の広報のスキルアップに役立ち、やがて「報道率アップ」につながっていきます。こうした継続活動で成果が表れた段階で「広報活動の年間計画」を堂々と上司に出しても遅くはないのです。

● トップの広報マインドを高める年間計画の立て方

　トップの理解と協力なしに広報は力を発揮できません。そのためにはまず、トップ（役員を含む）が関心を持つような情報を広報から提供することが肝心です。

具体的な第1の方法はメディアで話題になり報道された各方面（政府の要人を含む）の「トップの一言」をクリッピングし「報道に見る今月のトップの一言」というタイトルを付けて、トップ、役員に配布することです。教訓になるプラスの一言もあれば、批判を浴びたマイナスの一言もあります。トップや役員はマスコミ報道を自社や業界のマーケティングの視点から見ているため、意外にこうした視点から報道記事を見ていません。マスコミ報道記事はどういう発言がメディアの関心を引き評価されるか、どんな発言が批判されるかが一目瞭然です。毎月1回、無理なら隔月で提供していきます。これは広報担当者の着眼から社外情報を社内にインプットする「広聴機能」を果たすことにもなります。

　さらには、この発想の延長戦として最近増えている企業不祥事をクリッピングして、その記事に広報担当者から見たワンポイントのコメントを添付して「報道に見る危機管理広報の失敗事例」のタイトルで2カ月に1回程度、トップと役員に提供する方法があります。最近はこうした生きた危機管理の失敗事例に事欠きませんので、こうした積み重ねが「メディアトレーニング」にトップの関心を向けさせることになります。いずれも定期的に出す点が大切で、広報担当者の自主的な年間計画活動にしてみてください。

◉ トップとメディアのコミュニケーションを図る「YTT懇談会」

　企業広報の最大のカギは「トップの広報力」にあるのは言うまでもありません。広報担当者にとって最大の課題はトップとメディアとのコミュニケーションを促進する広報戦略です。失敗すると怖い

ため広報担当者は敬遠しがちですが、失敗の可能性が少なく、うまくいけばトップから評価される方法があります。それが上期と下期の年2回、「YTT懇談会」です。

　といってもゴルフや宴席を設けるのではありません。上期、下期の決算後に「この業界（当社）のこれまでの動き」、「この業界（当社）が今抱えている課題と問題」、「この業界（当社）の今後の動向と推移」の3つの視点から広い視野に立って分かりやすく記者に情報提供し解説をする懇談会です。「YTT」の「Y」は「Yesterday＝昨日、過去」を、2つの「T」はそれぞれ「Today＝現在」と「Tomorrow＝明日、将来」を意味します。つまり、業界全体の視点からこの業界（当社を含めて）の「これまで」、「現在」、「今後」について解説するのです。一般に記者はまず業界全体の動向や課題、問題点に関心を抱きます。次に個々の企業の経営理念や特徴、戦略に関心を向けていきます。このような記者心理を踏まえた広報戦略がこの「YTT懇談会」です。

　つまり記者にとっては非常に効率のいい形で、最新の業界情報と当該企業の情報を得ることができることになります。単に決算報告で終わらせるのではなく、最新の業界動向を自社のニュースとともに解説、説明するわけですから、記者のトップに対する好感度は当然高くなります。

　「YTT懇談会」でトップが説明する「YTT資料」は当然、広報担当者の腕の見せ所になります。この「YTT懇談会」は広報担当者の年間戦略広報活動として最もふさわしく、企業広報活動の目的に合致した活動です。

[巻末資料]

マスコミ連絡先リスト

[業界紙・専門紙・雑誌]

本書（P71）で紹介した『マスコミ電話帳』（宣伝会議刊）から、連絡先を一部掲載。メディアへのアプローチにお役立てください。

● 業界紙・専門紙

カテゴリ	会社名	TEL	FAX	住所	
商業・流通	小売経済新聞社	03-5980-6151	03-3910-4330	170-0004	豊島区北大塚2-9-7　互栄大塚ビル7F
	産業タイムズ社	03-5835-5891	03-5835-5491	101-0032	千代田区岩本町1-10-5　TMMビル3F
	ストアーズ社	03-5565-5750		104-0061	中央区銀座7-15-18　銀ビル
	日本物流新聞社	06-6541-8048	06-6541-8056	550-8660	大阪市西区立売堀2-3-16　山善ビル
	日本流通産業新聞社	03-3669-3421	03-3661-5509	103-0026	中央区日本橋兜町11-11　ニッシンビル2F
	物流産業新聞社	03-3226-9371	03-3226-9645	160-0006	新宿区舟町7　ロクサンビル4F
	物流ニッポン新聞社	03-3221-2345	03-3221-2348	102-0093	千代田区平河町1-7-20　平河町辻田ビル3F
	流通産業新聞社	03-3219-7070	03-3219-7079	101-0047	千代田区内神田1-17-5　荻原ビル
	流通ジャーナル	03-3834-6771	03-3834-6774	110-0005	台東区上野1-18-9　黒門平成ビル3F
農・林・水産業	インタラクション	03-3267-4841	03-3267-4842	162-0825	新宿区神楽坂5-37　高村ビル2F
	花卉園芸新聞社	052-744-0733	052-744-0739	460-0002	名古屋市千種区今池2-1-16　八晃ビル2B
	国際農業社	03-3831-5281	03-3831-5480	110-0005	台東区上野1-16-5　産経ビル
	新農林社	03-3291-3671		101-0054	千代田区神田錦町1-12-3
	水産経済新聞社	03-3404-6531	03-3404-0863	106-0032	港区六本木6-8-19
	水産タイムズ社	03-3456-1411	03-3456-1416	108-0014	港区芝5-9-6
	全国農業共済協会	03-3263-6411		102-8411	千代田区一番町19
	全国農業会議所	03-6910-1130	03-3261-5132	102-0084	千代田区二番町9-8 中央労働基準協会ビル2F
	全国酪農協会	03-3370-5341		151-0053	渋谷区代々木1-37-20　酪農会館内
	日刊木材新聞社	03-3820-3500	03-3820-3519	135-0041	江東区冬木23-4
	日本農業新聞	03-5295-7411		110-8722	台東区秋葉原2-3
	農経新報社	03-3815-0211	03-3815-0265	113-0033	文京区本郷1-35-28
	林材新聞社	03-3641-8953	03-3641-5794	135-0033	江東区深川2-7-4　IWPビル2F
食品・飲料・外食	外食産業新聞社	03-5297-1601	03-5297-0551	101-0044	千代田区鍛冶町1-9-11　石川COビル6F
	菓子食品新報社	03-3945-1515		170-0002	豊島区巣鴨1-29-6
	週刊製菓時報	06-6771-7093		543-0062	大阪市天王寺区逢阪1-3-2
	醸造産業新聞社	03-3257-6841	03-3257-4939	101-0044	千代田区鍛冶町2-5-5 神田駅前SKビル5F
	食肉通信社	06-6443-4947	06-6443-9887	550-0004	大阪市西区江戸堀3-2-12　角田ビル内
	食品産業新聞社	03-6231-6091	03-5830-1570	110-0015	台東区東上野2-1-11
	食料醸界新聞社	06-6252-3276	06-6252-3688	541-0054	大阪市中央区南本町2-2-2 明治屋ビル7F
	食料新聞社	03-5835-4919		111-0053	台東区浅草橋5-9-4　MSビル2F
	食経	06-6304-1061	06-6306-4513	532-0011	大阪市淀川区西中島6-2-3-817 地産第7ビル
	帝国飲料新聞社	06-6353-0841	06-6353-0842	530-0043	大阪市北区天満4-4-10　神前ビル
	日刊経済通信社	03-5847-6611	03-5847-6600	103-0001	中央区日本橋小伝馬町10-11 日本橋府川ビル9F
	日本食糧新聞社	03-3432-3103	03-3432-4888	105-0003	港区西新橋2-21-2　第一南桜ビル
	酪農経済通信社	03-3915-0281	03-5394-7135	170-0004	豊島区北大塚1-26-7
	冷凍食品新聞社	03-3359-9191	03-3359-9190	160-0008	新宿区三栄町9　第2森初ビル
繊維・ファッション	繊研新聞社	03-3664-2341	03-3665-0950	103-0015	中央区日本橋箱崎町31-4
	洋装産業新聞社	06-7654-2877	06-7654-2884	530-0022	大阪市北区浪花町13-38 千代田ビル北館3F

カテゴリ	会社名	TEL	FAX	住所	
化学・ゴム	RK通信社	03-3501-6110	03-3501-6113	105-0001	港区虎ノ門1-22-13　西勘虎ノ門ビル6F
	化学工業日報社	03-3663-7931	03-3663-2330	103-8485	中央区日本橋浜町3-16-8
	ゴム化学新聞社	03-3263-0784	03-3263-0788	102-0073	千代田区九段北1-4-5-2F
	ゴムタイムス社	03-3861-3021	03-3861-3037	101-0024	千代田区神田和泉町1-10-1　ソレアードビル2F
	産業資材新聞社	03-3255-9821	03-3255-9823	101-0033	千代田区神田岩本町15-2　北原ビル
	重化学工業通信社	03-5207-3331		101-0041	千代田区神田須田町2-11　協友ビル8F
	石油化学新聞社	03-5833-8840	03-5833-8841	101-0032	千代田区岩本町2-4-10　アイセ岩本町ビル
	塗料報知新聞社	03-3260-6111	03-3260-6116	162-0805	新宿区矢来町3
	ポスティコーポレーション	03-3851-5391	03-5820-3370	101-0032	千代田区岩本町2-5-10　サンライズビル
交通・車両運輸・観光	カーアンドレジャーニュース	03-3263-7211		102-0083	千代田区麹町4-3
	カーゴ・ジャパン	03-5771-2101	03-5771-2100	106-0032	港区六本木4-5-10
	観光経済新聞社	03-3827-9800	03-3827-9730	110-0008	台東区池之端2-7-17　井門池之端ビル6F
	航空新聞社	03-3796-6644	03-3796-6648	107-0052	港区赤坂4-8-6　赤坂余湖ビル3F
	交通新聞社	03-5216-3214		102-0083	千代田区麹町6-6　麹町東急ビル7F
	交通毎日新聞社	03-5834-0667	03-5834-0688	113-0022	文京区千駄木3-45-2
	東京交通新聞社	03-3352-2181	03-3352-2186	160-0022	新宿区新宿2-13-10　武蔵野ビル2F
	トラベルジャーナル	03-3360-2331		164-0003	中野区東中野3-10-13　TJホスピタリティビル
	トラベルニュース社	06-6311-9169		530-0047	大阪市北区西天満5-10-17　西天満パークビル6F
	日刊自動車新聞社	03-3455-5321	03-3455-4930	105-0022	港区海岸2-1-25
	日本海事新聞社	03-3436-3222		105-0004	港区新橋5-19-2　新橋森ビル
	二輪車新聞社	03-3436-1311		105-0004	港区新橋6-7-1　川口ビル5F
	輸送経済新聞社	03-3206-0711	03-3206-0712	104-0033	中央区新川2-22-4　新共立ビル3F
	旅行新聞新社	03-3834-2718	03-3834-3748	101-0021	千代田区外神田6-7-2　真田ビル
趣味	週刊つりニュース	03-3355-6401		160-0005	新宿区愛住町18-7
	読書人	03-3260-5791	03-3260-5507	162-0805	新宿区矢来町109
	マスコミ文化協会	03-5403-1900	03-5403-1905	105-0013	港区浜松町1-11-7　ノーブル第1ビル2F
医療・医薬	医薬経済社	03-5204-9070	03-5204-9073	103-0023	中央区日本橋本町4-3-1　サカエ日本橋ビル2F
	ドラッグマガジン	03-3241-4661	03-3241-4594	103-0023	中央区日本橋本町2-3-15　共同ビル
	法研	03-3562-3611		104-8104	中央区銀座1-10-1　法研本社ビル
	北海道医療新聞社	011-221-7777		060-0042	札幌市中央区大通西6丁目
	薬事日報社	03-3862-2141		101-8648	千代田区神田和泉町1番地
	薬事ニュース社	03-3295-5461	03-3293-8734	101-0064	千代田区猿楽町2-2-3　NSビル
	薬務公報社	03-3315-3821	03-5377-7275	166-0003	杉並区高円寺南2-7-1　拓都ビル
	薬局新聞社	03-3663-1921	03-3666-0738	103-0016	中央区日本橋小網町9-6　NST小網町ビル3F
	ライフ・サイエンス	03-3407-8963	03-3407-8938	150-0001	渋谷区神宮前5-53-67　コスモス青山
文具・紙業	紙製品新聞社	06-6765-1881	06-6765-1880	542-0061	大阪市中央区安堂寺町2-4-14　文健会館3F
	全通	03-3626-6810	03-3626-6813	130-0005	墨田区東駒形1-18-2
	日刊紙業通信社	0545-52-2255		417-0052	富士市中央町1-1-1

● 雑誌

カテゴリ	媒体名	TEL	FAX		住所	
総合週刊誌	AERA	03-5541-8627	03-5541-8655	104-8011	中央区築地5-3-2	朝日新聞出版
	サンデー毎日	03-3212-0321	03-3212-0769	100-8051	千代田区一ツ橋1-1-1	毎日新聞社
	週刊朝日	03-5541-8767	03-5541-8820	104-8011	中央区築地5-3-2	朝日新聞出版
	週刊アサヒ芸能	03-5403-4332		105-8055	港区芝大門2-2-1	徳間書店
	週刊金曜日	03-3221-8521		101-0051	千代田区神田神保町2-23 アセンド神保町3F	金曜日
	週刊現代	03-5395-3438		112-8001	文京区音羽2-12-21	講談社
	週刊実話	03-3436-1844		105-8618	港区東新橋2-11-8	日本ジャーナル出版
	週刊新潮	03-3266-5311	03-3266-5234	162-8711	新宿区矢来町71	新潮社
	週刊大衆	03-5261-4827	03-3269-7817	162-8540	新宿区東五軒町3-28	双葉社
	週刊プレイボーイ	03-3230-6371	03-3237-1008	101-8050	千代田区神田神保町3-13-1 神保町3丁目ビル6F	集英社
	週刊文春	03-3265-1211		102-8008	千代田区紀尾井町3-23	文藝春秋
	SPA!	03-5403-8875	03-3578-3080	105-8070	港区海岸1-15-1	扶桑社
女性週刊誌	週刊女性	03-3563-5130	03-5250-7080	104-8357	中央区京橋3-5-7	主婦と生活社
	女性自身	03-5395-8240	03-3942-1899	112-8011	文京区音羽1-16-6	光文社
総合誌	潮	03-3230-0689		102-8110	千代田区飯田橋3-1-3	潮出版社
	GUSH	03-3222-5119		102-6005	千代田区一番町29-6	海王社
	The Liberty	03-6384-3777		107-0052	港区赤坂2-10-14 ユートピア活動推進館第二ビル	幸福の科学出版
	sabra	03-3230-4340		101-0003	千代田区一ツ橋2-3-1	小学館
	自遊人	025-781-5230	025-781-5231	949-6682	南魚沼市大月1012-1	自遊人
	新潮45	03-3266-5445	03-3266-5450	162-8711	新宿区矢来町71	新潮社
	正論	03-3275-8925	03-3241-4281	100-8077	千代田区大手町1-7-2	産経新聞社
	世界	03-5210-4141		101-8002	千代田区一ツ橋2-5-5	岩波書店
	選択	03-3432-1451		105-0003	港区西新橋3-3-1 西新橋TSビル10F	選択出版
	中央公論	03-3563-2751		104-8320	中央区京橋2-8-7	中央公論新社
	テーミス	03-3222-6001	03-3222-6715	102-0082	千代田区一番町13-15 一番町KGビル	テーミス
	東京人	03-3237-1790	03-3237-7347	102-0072	千代田区飯田橋4-4-12 ワイズビル6F	都市出版
	PHPほんとうの時代	03-3239-3106	03-3239-6230	102-8331	千代田区一番町21	PHP研究所
	Begin	03-3262-5126	03-3262-8441	102-8187	千代田区九段北4-2-29	世界文化社
	BIG tomorrow	03-3203-1293	03-3203-5130	162-0056	新宿区若松町12-1	青春出版社
	文藝春秋	03-3265-1211		102-8008	千代田区紀尾井町3-23	文藝春秋
	Voice	03-3239-6220	03-3239-6230	102-8331	千代田区一番町21	PHP研究所
	もも百歳	075-212-1266		604-8241	京都市中京区三条新町西入ル釜座町22 ストークビル三条烏丸	Pro・vision
	問題小説	03-5403-4349		105-8055	港区芝大門2-2-1	徳間書店
ビジネス・経済誌	アントレ	03-6835-1111		100-6640	千代田区丸の内1-9-2 グラントウキョウサウスタワー	リクルート
	飲食店経営	03-3224-7486		106-8636	港区麻布台2-4-9	商業界

カテゴリ	媒体名	TEL	FAX	住所		
ビジネス・経済誌	エコノミスト	03-3212-3231		100-8051	千代田区一ツ橋1-1-1	毎日新聞社
	オール投資	03-3246-5532	03-3270-0159	103-8345	中央区日本橋本石町1-2-1	東洋経済新報社
	企業診断	03-3813-3966	03-5840-8445	113-0033	文京区本郷3-38-1 本郷イシワタビル3F	同友館
	経済界	03-3507-8511		105-0001	港区虎ノ門1-17-1 虎ノ門5森ビル	経済界
	経済セミナー	03-3987-8595		170-8474	豊島区南大塚3-12-4	日本評論社
	月刊時評	03-3580-6633		105-0001	港区虎ノ門1-21-18 小沢ビル	時評社
	月刊商業界	03-3224-7477		106-8636	港区麻布台2-4-9	商業界
	月刊総務	03-5312-7472	03-5312-7476	160-0022	新宿区新宿1-26-6 新宿加藤ビルディング5F	ナナ・コーポレート・コミュニケーション
	コンビニ	03-3224-7473		106-8636	港区麻布台2-4-9	商業界
	THE21	03-3239-6223	03-3239-6230	102-8331	千代田区一番町21	PHP研究所
	ZAITEN	03-3294-5651		101-0054	千代田区神田錦町2-9 大新ビル	財界展望新社
	週刊金融財政事情	03-3358-0011		160-8520	新宿区南元町19	きんざい
	週刊ダイヤモンド	03-5778-7213	03-5778-6615	150-8409	渋谷区神宮前6-12-17	ダイヤモンド社
	週刊東洋経済	03-3246-5551	03-3279-0332	103-8345	中央区日本橋本石町1-2-1	東洋経済新報社
	食品商業	03-3224-7485		106-8636	港区麻布台2-4-9	商業界
	DIAMOND ハーバード・ビジネス・レビュー	03-5778-7228		150-8409	渋谷区神宮前6-12-17	ダイヤモンド社
	DIAMOND HOMECENTER	03-5259-5931		101-0051	千代田区神田神保町1-6-1 タキイ東京ビル7F	ダイヤモンド・フリードマン社
	Chain Store Age	03-5259-5931		101-0051	千代田区神田神保町1-6-1 タキイ東京ビル7F	ダイヤモンド・フリードマン社
	投資経済	03-5645-2325		103-0025	中央区日本橋茅場町3-2-2 EKKビル	投資経済社
	DRUG STORE NEWS	03-5259-5931		101-0051	千代田区神田神保町1-6-1 タキイ東京ビル7F	ダイヤモンド・フリードマン社
	日経デザイン	03-6811-8284	03-5421-9121	108-8646	港区白金1-17-3 NBFプラチナタワー	日経BP社
	日経トップリーダー	03-6811-8127	03-5421-9127	108-8646	港区白金1-17-3 NBFプラチナタワー	日経BP社
	日経ビジネス	03-6811-8101	03-5421-9117	108-8646	港区白金1-17-3 NBFプラチナタワー	日経BP社
	日経レストラン	03-6811-8223	03-5421-9126	108-8646	港区白金1-17-3 NBFプラチナタワー	日経BP社
	販売革新	03-3224-7484		106-8636	港区麻布台2-4-9	商業界
	日本スーパー名鑑	03-3224-7497		106-8636	港区麻布台2-4-9	商業界
	ファッション販売	03-3224-7487		106-8636	港区麻布台2-4-9	商業界
	プレジデント	03-3237-3737	03-3237-3747	102-8641	千代田区平河町2-16-1 平河町森タワー13F	プレジデント社

カテゴリ	媒体名	TEL	FAX	住所	
モノ情報誌	デジモノステーション	03-5549-8731		106-8531	港区六本木3-16-33 青葉六本木ビル	エムオン・エンタテイメント
	Goods Press	03-5403-4304		105-8055	港区芝大門2-2-1	徳間書店
	特選街	03-3815-7371		113-8562	文京区湯島2-31-8 マキノ出版本社ビル3F	特選街出版
	日経トレンディ	03-6811-8911	03-5421-9087	108-8646	港区白金1-17-3 NBFプラチナタワー	日経BP社
	フィギュア王	03-5385-5639	03-5385-5614	164-8551	中野区中野3-39-2	ワールドフォトプレス
	Best Gear	03-5403-4305		105-8055	港区芝大門2-2-1	徳間書店
	モノ・マガジン	03-5385-5666	03-5385-5617	164-8551	中野区中野3-39-2	ワールドフォトプレス
ライフスタイル・カルチャー誌	一個人	03-5961-2318	03-5961-2320	170-0004	豊島区北大塚2-10-5	ベストセラーズ
	園芸ガイド	03-5280-7535		101-8911	千代田区神田駿河台2-9	主婦の友社
	クロスワードキング	03-5210-3100		102-0083	千代田区麹町3-5 麹町シルクビル	インフォレスト
	SWITCH	03-5485-2100	03-5485-2101	106-0031	港区西麻布2-21-28	スイッチ・パブリッシング
	ダ・ヴィンチ	03-5469-4830	03-5469-4833	150-0002	渋谷区渋谷3-3-5 NBF渋谷イースト6F	メディアファクトリー
	Tarzan	03-3545-7040		104-8003	中央区銀座3-13-10	マガジンハウス
	東京カレンダー	03-5740-5839	03-3492-7880	141-0032	品川区大崎1-2-2 アートヴィレッジ大崎セントラルタワー15F	東京カレンダー
	日経エンタテインメント！	03-6811-8622	03-5421-9066	108-8646	港区白金1-17-3 NBFプラチナタワー	日経BP社
	日経おとなのOFF	03-6811-8913	03-5421-9092	108-8646	港区白金1-17-3 NBFプラチナタワー	日経BP社
	パズル	03-3262-5125	03-3262-5330	102-8187	千代田区九段北4-2-29	世界文化社
	BRUTUS	03-3545-7170	03-3544-1463	104-8003	中央区銀座3-13-10	マガジンハウス
	Pen	03-5436-5783	03-5436-5771	153-8541	目黒区目黒1-24-12	阪急コミュニケーションズ
	月刊ムー	03-6431-1506		141-8412	品川区西五反田2-11-8-16F	学研パブリッシング
そのほか情報誌	月刊公募ガイド	03-5312-1600		160-0002	新宿区坂町27-5-7F	公募ガイド社
	懸賞なび	03-5292-7723	03-5292-7724	171-8570	豊島区高田3-10-12	白夜書房

広報担当者 必携 ＜毎年改定＞

『マスコミ電話帳』

宣伝会議別冊／定価 1,890円／B6判

ネットには意外に載っていない！約2万件の最新連絡先を収録

新聞、通信、放送、出版社、企業・団体から、ジャーナリスト、研究家、芸能人、スポーツ選手など各界の著名人、施設まで。

著者紹介（五十音順）

雨宮 和弘（5章）
クロスメディア・コミュニケーションズ株式会社　代表取締役
企業広報、ウェブマスター経験を生かし、企業コミュニケーションのアドバイザーとして大手企業、団体の広報計画やウェブ戦略、人材育成、教育を幅広く実施している。

井上 岳久（2、3章）
井上戦略PRコンサルティング事務所　代表
慶應義塾大学、法政大学卒業。2006年、横濱カレーミュージアムの責任者に就任、広報主体のマーケティング戦略でV字カーブ復活を果たした。事業創造大学院大学客員教授。

大島 幸男（7章）
大島BtoBコミュニケーションズ　代表
ローム株式会社　顧問
村田製作所元広報部長。同社が1989年に開始した広報・広告活動の当初から携わり、自転車型ロボット「ムラタセイサク君」の活用などで、知名度、就職人気度向上に貢献した。

河井 孝仁（12章）
東海大学文学部広報メディア学科　教授
博士（情報科学）。名古屋大学大学院、静岡県庁企画部情報政策室などを経て現職。各地でアドバイザー、委員を多数務める。専門はシティプロモーション、行政広報など。

君島 邦雄（序、11、13章）
株式会社ココノッツ　代表取締役
大手医療機器会社にて広報部門を立ち上げ、広報室長に就任。独立後、豊富な広報・IRの経験・実績をもとに、企業のコミュニケーションコンサルティングを行っている。

田中 正博（8、14章）
株式会社田中危機管理広報事務所　代表取締役社長
1962年、早稲田大学卒業、電通パブリック・リレーションズ入社。常務取締役、専務取締役、顧問を経て独立。建設広報協議会理事、東京商工会議所危機管理アドバイザー。

中川 淳一郎（1、4章）
編集者
博報堂コーポレートコミュニケーション局勤務の後、2001年より編集者の活動を開始。2006年よりニュースサイト編集者。『ウェブはバカと暇人のもの』（光文社）が話題に。

福田 浩至（6章）
株式会社ループス・コミュニケーションズ　副社長
慶應義塾大学卒業、日立製作所で文書画像処理の研究に従事。2005年ループス・コミュニケーションズを創業、企業のソーシャルメディア活用コンサルティングを担当。

藤森 元之（9、10章）
株式会社V&V　代表
1980年、キヤノン販売（現キヤノンマーケティングジャパン）入社。広報部門を立ち上げ、マスコミ対応はじめ広報マネジメント全般に14年間従事。2003年、V&V設立。

宣伝会議の基礎シリーズ

広報入門　プロが教える基本と実務

発行日	2012年11月1日　初版　第1刷
企画・監修	広報会議編集部
著者	雨宮和弘　井上岳久　大島幸男　河井孝仁 君島邦雄　田中正博　中川淳一郎　福田浩至　藤森元之
発行者	東　英弥
発行所	株式会社宣伝会議 〒107-8550　東京都港区南青山5-2-1 電話　03-6418-3331（代表）　www.sendenkaigi.com
装丁	小山田 那由他（Concent,Inc.）
本文デザイン	アーティザンカンパニー株式会社
印刷・製本	シナノ書籍印刷株式会社

©Kazuhiro Amemiya,Takahisa Inoue,Yukio Oshima,Takayoshi Kawai,Kunio Kimishima,Masahiro Tanaka,Junichiro Nakagawa,Koji Fukuda,Motoyuki Fujimori 2012 printed in Japan

ISBN 978-4-88335-269-2

定価はカバーに表示してあります。
乱丁・落丁の場合はお取り替えいたします。
販売部（03-6418-3320）またはお買い求めの書店までお申し出ください。
本書を無断で複写、複製、転載することは禁止されています。

宣伝会議が提案する **広報力強化シリーズ**

広報の専門誌
月刊 広報会議

毎月1日発売／全国主要書店にて販売　定価1,200円（税込）

メディアに取り上げてもらうための攻めの広報、危機発生時の被害を最小にとどめる守りの広報、強い組織づくりのための社内広報など。広報実務に携わる方の専門誌です。

読んでから通いますか?

本書の執筆陣が、誌面や講座に登場します

通ってから読みますか?

広報のすべての基本が分かる
広報担当者養成講座

東京・大阪・福岡・札幌で開講

広報計画の立案、メディアアプローチ、社内広報、プレスリリース、ウェブ広報、危機管理、効果測定まで、広報の基本を、一から学ぶことができる新任担当者向けの講座です。

- ●ニュースリリース作成講座 ●メディアリレーションズ実践講座
- ●危機管理広報講座 など　短期集中講座も開催しています。

Marketing & Creativity 宣伝会議　詳しい内容についてはホームページをご覧ください　www.sendenkaigi.com

宣伝会議が提案する 広報力強化シリーズ

広報・PRの現場が分かる ビジネスドキュメント

広報の仕掛人たち
21のPRサクセスストーリー

今までほとんど語られなかったトップメーカーの広報PR活動が解き明かされる。独自の戦略を編み出しながら、創意工夫で成功した21の事例をドキュメンタリータッチで綴る。戦略的な広報・PRが分かる一冊。

日本パブリックリレーションズ協会 著
定価 2,520円（税込） ISBM978-4-88335-163-3

経験者が明かす 実践的メディア対応術

メディアと広報
プロが教えるホンネのマスコミ対応術

読売新聞の記者が、プロサッカーチームと有名デパートの広報部長に転身。初めて分かった、取材とされる側の大きな誤解。記者と広報の両方を体験した著者が赤裸々に綴る、誰も教えてくれない実践アドバイス。

尾関謙一郎 著
定価 1,680円（税込） ISBM978-4-88335-184-8

マーケティング・コミュニケーションの基本が身に付く 宣伝会議の基礎シリーズ

新版 広告ビジネスの基礎講座
宣伝会議 編／新屋哲博・松岡富士夫 監修
定価 2,100円（税込）／A5判／ISBN978-4-88335-074-2

広告を学ぼうとする人、広告ビジネス初心者向けに、広告ビジネスの第一線で活躍する執筆陣が、広告の基礎から実務までを分かりやすく解説。常に変化する広告界を体系的にとらえた一冊。

新 広告企画書のかき方・つくり方
宣伝会議 編
定価 1,890円（税込）／A5判／ISBN978-4-8835-079-7

広告会社が扱うさまざまなテーマの企画書を収録。現役マーケターの勘所を惜しみなく伝授する。初心者からプロのマーケターまで、実践で活用できる企画書作成マニュアル。

クロスメディア時代の CM制作の基礎知識
阿部正吉 著
定価 2,100円（税込）／A5判／ISBN978-4-88335-150-56

最新CM制作のすべてを豊富な事例とともに詳しく解説。メディアが多様化する中、ウェブやモバイルなどのCM制作の最前線も収録。現場で生きるノウハウ満載。

新版 統合プロモーション企画入門 改訂版
坂井田稲之 著
定価 1,890円（税込）／A5判／ISBN978-4-88335-075-9

効果的なマス広告の展開と店頭プロモーションの統合で、ダイレクトに販売につなげる新手法を紹介。昨今のプロモーションの流れを、業界第一人者の著者が詳説。プロモーションを学ぶ最初の1冊に最適。

広報・パブリックリレーションズ入門
猪狩誠也 編著
定価 2,200円（税込）／A5判／ISBN978-4-88335-168-8

広報・パブリックリレーションズを初めて学ぶ人のための入門書。大企業の不祥事が相次ぎ、企業の社会的責任を求める機運が高まっている中、危機管理、ネット広報、IRなど、広報・PRの最先端を分かりやすく解説。

Marketing & Creativity
宣伝会議　　詳しい内容についてはホームページをご覧ください　　www.sendenkaigi.com

宣伝会議の雑誌

月2回刊 宣伝会議
マーケティング・コミュニケーションの総合誌

「マーケティング&クリエイティビティ」をテーマに最新の理論や手法、事例を紹介。売り上げ拡大、企業価値向上に役立つ知識と情報を月2回お届けします。

毎月1日・15日発売／定価:800円(税込)／1954年創刊

月刊 販促会議
日本で唯一のセールスプロモーションの専門誌

生活者に対するプロモーションの基礎知識からウェブ、モバイルを活用した最先端の成功事例まで、「人を集める」「商品・サービスを売る」ための手法、ツールなどの情報をお届けします。

毎月1日発売／定価:1,200円(税込)／1997年創刊

月刊 広報会議
PR・IR・危機管理の専門誌

メディアに取り上げてもらう攻めの広報、危機発生時の被害を最小にとどめる守りの広報、強い組織作りのための社内広報など。広報実務に携わる方の専門誌です。

毎月1日発売／定価:1,200円(税込)／2005年創刊

月刊 ブレーン
広告クリエイティブ・デザインの専門誌

広告・デザインをはじめ、プロダクト、建築、ファッションなど、マーケティング・コミュニケーションにかかわるあらゆるクリエイティブを扱う専門誌です。

毎月1日発売／定価:1,200円(税込)／1961年創刊

季刊 環境会議 人間会議
「哲学」と「環境」を生活と仕事に生かす

環境コミュニケーションについて考える、春と秋の『環境会議』。哲学を生活に生かし、人間力を磨く、夏と冬の『人間会議』。現代社会における個人、そして企業のあるべき姿を考えます。

『環境会議』3・9月／『人間会議』6・12月の5日発売／定価:950円(税込)

宣伝会議の教育講座
東京・大阪・名古屋・福岡・札幌

基本講座
講座名	開催月
コピーライター養成講座　基礎コース	4月・10月
編集・ライター養成講座　総合コース	5月・11月
アートディレクター養成講座	6月
クリエイティブディレクション講座	2月・8月
提案営業力養成講座	5月・11月
マーケティング実践講座	6月・11月
セールスプロモーション講座	6月・11月
広報担当者養成講座	5月・10月
宣伝担当者養成講座	7月

専門講座(プランニング研修)
講座名	開催月
スマートフォンマーケティング講座	6月・12月
Web&広告プランニング講座	5月・10月
Webディレクション講座	9月
メディアプランニング講座	9月
企画書・プレゼン講座	2月・9月
コミュニケーションデザイン実践講座	3月・9月

専門講座(広報研修)
講座名	開催月
ニュースリリース作成講座	2月・6月・11月
PR基礎講座	2月・7月
コーポレートサイト1日集中セミナー	2月
危機管理広報講座	7月・11月
広報効果測定セミナー	6月
メディアリレーションズ実践講座	3月

専門講座(営業研修)
講座名	開催月
新・Web制作見積もり基準セミナー	8月
営業マネージャー養成講座	6月・11月

専門講座(クリエイティブ研修)
講座名	開催月
コピーライター養成講座　上級コース	5月・11月
コピーライター養成講座　専門コース	6月・10月
文章力養成講座	5月・11月
編集・ライター養成講座　上級コース	9月
CMプランニング講座	7月
最新カンヌセミナー	8月
パッケージディレクション講座	5月・10月
クリエイター・プランナーのための評価制度改善セミナー	2月・7月
デザインディレクション基礎講座	2月・8月
クリエイティブディレクション基礎講座	6月・12月

専門講座(マーケティング研修)
講座名	開催月
広告効果を高めるための1日集中講座	3月・8月
インターネットマーケティング基礎講座	4月・11月
ブランドマネージャー育成講座	1月・9月
BtoB企業のためのWebディレクション講座	2月・9月
販促物のレスポンスを高めるための1日集中セミナー	3月・9月
コストマネジメントセミナー	8月
オリエンテーション基礎講座	6月・11月
戦略PR講座	9月
Facebookスタートアップセミナー	3月・7月
ソーシャルメディアマーケティングセミナー	2月・8月

Marketing & Creativity 宣伝会議

詳しい内容についてはホームページをご覧ください　www.sendenkaigi.com